な が～く、仲良くできる

どうしても幸せになりたい

9タイプの血液型
(遺伝子型) による相性

服部 治

まえがき

血液型を決める遺伝子は３つあります。

Ａの遺伝子、Ｂの遺伝子、Ｏの遺伝子です。

Ａは理性的な人、Ｂは思慮深い人、Ｏは広い心の人とします。

子供は親からそれぞれ一つの遺伝子（正確には染色体の事ですが染色体も含めて以後遺伝子と呼ぶことにします）を受け継ぎます。原則として３つの遺伝子を持っている人はいません。自分が持っていない遺伝子の人には、自然に憧れて興味を持ちます。子供の時、自分が持っていないおもちゃなどを他の子が持っていたら憧れたと思います。

性格は環境と遺伝によります。ですから相性も遺伝子と遺伝子の繋がりや結びつきを無視する事はできません。

結論から言って、ＡとＢで正反対のように見える人や自分と一番共通点がない人には、貴方にとって宝物のような人になりえます。どういう事かはこの本を読んでいただけるとわかると思います。

その前に、まず自分の事を知る必要があります。
自分の本当の血液型について知ってください。

血液型の検査でＡ型と言われた人はＡＡ型、ＡＯ型、ＯＡ型の３タイプに分かれます。（ＡＯ型とＯＡ型の違いは後に述べます）血液型でＢ型と言われた人はＢＢ型、ＢＯ型、ＯＢ型の３タイプに分けることができます。つまり遺伝子型は全部で９タイプに分けることができます。

まずは自分がどの型に当てはまるか知ってください。

自分が何型なのかわかりましたら、大切な宝物を探す旅に出かけてください。
遠い旅になるかもしれませんが、そんなに難しい事ではないと思います。

血液型は9タイプです

ＯＯ型　　ＯＡ型　　ＯＢ型
ＡＡ型　　ＡＯ型　　ＡＢ型
ＢＯ型　　ＢＡ型　　ＢＢ型　の9タイプです。

ＡＯ型とＯＡ型の人の違いは、Ａ遺伝子とＯ遺伝子の物質の分泌する量が違うと言うことです。
ＡＯ型はＡの物質が、Ｏの物質より多くでていると言うことです。つまりＡＯ型とＯＡ型は似て非なるものです。
多く分泌しているほうがどうしても表面に強く表れて主導的になります。
ＯＡ型の人はＯの遺伝子の中にほんの少しＡの遺伝子が含まれている人です。
Ｏの遺伝子の方が表面に強く濃く表れて主導的になります。
ここが少しややこしいところです。

ＢＯ型とＯＢ型も、同じことです。
この違いはＢの物質とＯの物質の分泌の割合で決まります。

今の血液型は４タイプで分類されています。
でも、これにはどうしても無理があります。
少し窮屈になってしまいます。

では６タイプで分析してみました。
ＯＯ型
ＯＡ型、ＡＡ型
ＯＢ型、ＢＢ型
ＡＢ型
の６タイプです。しかしこの６タイプも実はバランスが良く
ありません。
血液型は本当は９タイプだからです。
今まで、４タイプで分類する血液型関係の本を読んでみて自
分に当てはまらないと思った方は、この９タイプで考えてみ
るときっと自分のことをより詳細に知ることができると思い
ます。

ＯＯ型、ＯＡ型、ＡＯ型、ＡＡ型、ＯＢ型、ＢＯ型、ＢＢ型、
ＡＢ型、ＢＡ型の９タイプのどれに自分が当てはまるか、こ
の本を読みながらゆっくり考えてください。

目　次

まえがき 2

血液型は９タイプです 3
血液型を決める遺伝子は３つあります 10
子どもは親から２つの遺伝子を受け継いで生まれてきます 11
ＯＡ型の父親とＢＯ型の母親からは７タイプの子供が生まれてきます...12
遺伝子２つを受け継いで子供の血液型が決まります 13
血液型は遺伝子２つの組み合わせです 14
３つの遺伝子Ａ、Ｂ、Ｏの組み合わせによる遺伝子型は９タイプです ...15
９タイプの血液型の表現 17
ＯＡＢ式血液型とは 18
一般的な血液型検査では 19
９タイプの血液型の意味 20
繋がっている遺伝子型の輪 21
遺伝子型の不思議（イ、ロ）で全反対（左右対称）..........................24
遺伝子の濃淡の概念 25
正反対（左右対称）になる血液型...26
遺伝子の濃淡 27
遺伝子の不思議　ＯＯ族グループとＡＢ族グループ.........................29
　　　　　　　ＯＯ族グループとＡＢ族グループの境目.............30
客観的に見て　安定している人と不安定な人.................................31
遺伝子型の不思議　内向性と外向性 32
遺伝子型でわかる　内向性と外向性 33
コラム 34

自分の血液型（遺伝子型）わかりますか？ 35
これから貴方の血液型（遺伝子型）は何型なのか見つけてみたいと思います ..36
自分の遺伝子型わかりましたか？ハッキリまだわからないですよね...42
ＡＡ型、ＡＯ型、ＯＡ型の人を区別してみました 44

目　次

A 型は 3 タイプあります　B 型も 3 タイプあります 45
BB 型、BO 型、OB 型の区別 46
OB 型と BO 型の違い 47
OA 型と AO 型の違い 48
絵の具を遺伝子に例えると 49
結びつきについて少し考えてみましょう 50
遺伝子の不思議 55
花と遺伝子型（例えば） 56
自分自身を引っ張る自分　自分自身を守る自分 58
遺伝子型による相性の本質 59
二人で最強になれる遺伝子型のコンビ 60
遺伝子型のバランス 62

血液型（遺伝子型）の相性が良い 9 タイプ 64
遺伝子型の輪（自分の位地） 65
遠く離れている人は実は相性は悪くない！！ 66
左右対称（正反対）になる遺伝子型 67
コラム　私は BO 型で私の妻は AO 型です 69

血液型 9 タイプの詳細 70
AOB の要素のイメージ 71
遺伝子型 OO 型のキャラクター 72
遺伝子型 OA 型のキャラクター 75
遺伝子型 OB 型のキャラクター 78
遺伝子型 AO 型のキャラクター 81
遺伝子型 AA 型のキャラクター 84
遺伝子型 AB 型のキャラクター 87
遺伝子型 BO 型のキャラクター 90
遺伝子型 BA 型のキャラクター 94

遺伝子型 BB 型のキャラクター 97

相性とは、相性について 101

OO 型の人柄とフィーリング 102
OA 型の人柄とフィーリング 103
OB 型の人柄とフィーリング 104
AO 型の人柄とフィーリング 105
AA 型の人柄とフィーリング 106
AB 型の人柄とフィーリング 107
BO 型の人柄とフィーリング 108
BA 型の人柄とフィーリング 109
BB 型の人柄とフィーリング 110

9 タイプの運命的な人 111

追伸、遺伝子さま 115

相性は全部で 45 パターンあります 117
45 パターンの組み合わせから生まれてくる子供の遺伝子型 119

45 組♥のチャーミングポイント 122

人間もグー、チョキ、パー、と考えるとうまくいく場合がある ...130
遺伝子の不思議　遺伝子は知ってます 131
あなたらしく行動するためには、自分の遺伝子に任せましょう ...133
人間はすべて同じ条件です 134
一つの繋がりから広がっていく輪 135
攻めの遺伝子が疲れたときリスクに注意 136
いつも励ましてくれたもう一人の自分に 137
今までの血液型の分析について 139

あとがき 142

7

今さら血液型なんてつまらない
そう思っている人いるでしょう。
血液型（遺伝子型）が、
9タイプあったとしたら
また少し違ってくると思いませんか。

わかりやすく9タイプのキャラクターを用意しました。
頭の種類がその人のポイントになる血液型です。

例えば、ＯＡ型はＯ型がメインになります。ＡＯ型はＡ型がメインになります。

初めまして
私が、OO型です。
私が、OA型です。
私が、OB型です。

よろしくお願いします。
私が、AA型です。
私が、AO型です。
私が、AB型です。

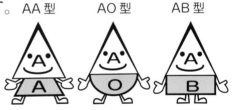

忘れないで下さい。
私が、BB型です。
私が、BO型です
私が、BA型です。

血液型を決める遺伝子は３つあります

A型遺伝子、B型遺伝子、O型遺伝子です。
この３つの遺伝子で
人間の血液型は決められてきました。

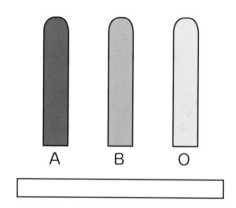

子どもは親から2つの遺伝子を
受け継いで生まれてきます

2つの遺伝子は父親から1つ、母親から1つです。

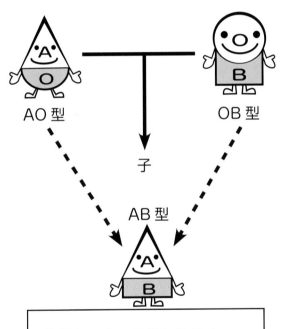

父親からA、母親からBを
受け継いでAB型になりました

OA型の父親とBO型の母親からは 7タイプの子供が生まれてきます

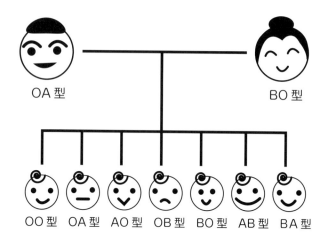

1、父のOと母のOで、　OO型
2、母のOと父のAで、　OA型
3、父のAと母のOで、　AO型
4、父のOと母のBで、　OB型
5、母のBと父のOで、　BO型
6、父のAと母のBで、　AB型
7、母のBと父のAで、　BA型

OA型の父とBO型の母から生まれてくる子供は
7タイプになります。

遺伝子2つを受け継いで
　　子供の血液型が決まります

つまり必ず子供は親由来の遺伝子を引き継いでいることになります。
もちろん例外もあります。例えば骨髄移植した場合、ドナー側の血液型を引き継ぐことになります。
他には稀なケースですが遺伝子の突然変異により、自分の本来の血液型が変わる事はありますが、しかし原則は、親からの遺伝子によって子供の血液型は決まります。つまり親がO型とA型の場合は、B型やAB型は生まれる事はありません。

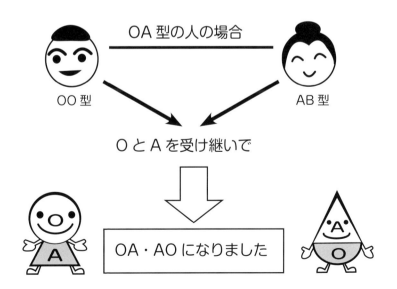

血液型は
遺伝子2つの組み合わせです

この2つは父親から1つ、母親から1つ
受け継いで生まれてきます。

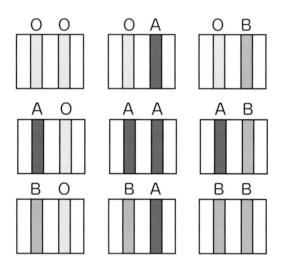

3つの遺伝子から9タイプの遺伝子型ができます。

3つの遺伝子 A、B、O の組み合わせによる遺伝子型は、9タイプです

OO型、　Oの遺伝子2つ持っている人。
OA型、　OとAの遺伝子を持っている人。
OB型、　OとBの遺伝子を持っている人。
AA型、　Aの遺伝子2つ持っている人。
AO型、　AとOの遺伝子を持っている人。
AB型、　AとBの遺伝子を持っている人。
BB型、　Bの遺伝子2つ持っている人。
BO型、　BとOの遺伝子を持っている人。
BA型、　BとAの遺伝子を持っている人。

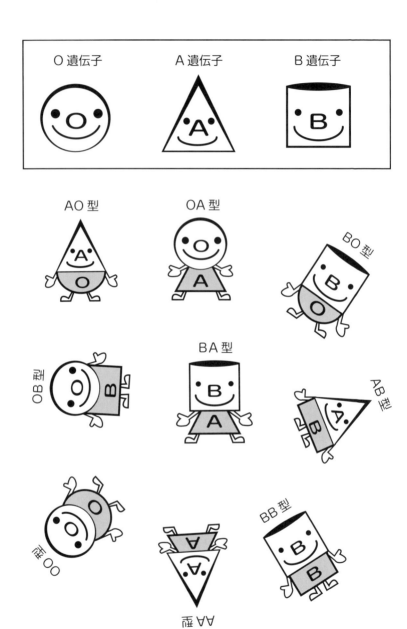

9タイプ の血液型の表現

OO型、　全面がOの要素
AA型、　全面がAの要素
BB型、　全面がBの要素

OA型、Oの要素が多くて、Aの要素が少ない
OB型、Oの要素が多くて、Bの要素が少ない

AO型、Aの要素が多くて、Oの要素が少ない
BO型、Bの要素が多くて、Oの要素が少ない

AB型、Aの要素が多くて、Bの要素が少ない
BA型、Bの要素が多くて、Aの要素が少ない

ＡＢＯ式血液型とは

もともとＡＢＯ式血液型は輸血のために発見されました。

人間の輸血は 19 世紀頃から始まりました。当時はしっかり血液型をクロスチェックをせず輸血をして死亡するケースが多かったです。

血液には型があり、これが一致しないと赤血球が凝血してしまうことをオーストリアのカール・ラントシュタイナー博士が発見しました。これがＡＢＯ式血液型の発見です。

どうして凝集するのかというと、これはアレルギー反応と少し似ています。

人の血液の赤血球には凝集源があり、血漿には凝集素があります。この型が合わないと異物とみなされてしまうからです。

カール・ラントシュタイナー博士は血液型が 4 種類できっと安心したと思います。

もし、人の外見のように沢山の血液型が存在したならば、輸血のシステム自体が崩壊しますから。

一般的な血液型検査では

（A、B、O）式血液型検査では血液の中に
わずかにでもAとBの物質が含まれていると、
A型、B型と判定されます。
O型の物質が含まれていても
A型、B型と判定されます。
（AとBの物質はOに対して優先してしまう
からです）
しかし、AとBの反応があればAB型で、
AとBの反応がなければO型です。

9タイプの血液型の意味

9タイプの人の遺伝子型を輪にしてみました。
お互いに隣接している人に注目してください。
必ず、自分と似ている人と手をつないでいます。
繋がっている手と手は、同じ遺伝子同士です。
仲良く一つの輪ができています。
このように血液型は一つの完成された物です。
人である限り、遺伝子の輪から離れる事はできません。
合わない人もいますが、
みんなつながっています。

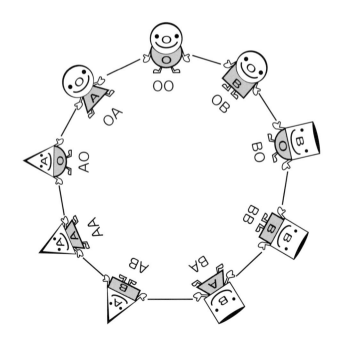

繋がっている遺伝子型の輪

原則として同じ遺伝子型は強く繋がって、結びつく事ができます。では直接自分と繋がらないものについて意味を少し考えてみましょう。

例えば、ＯＯとＡＢ（もしくはＢＡ）は正反対（上下対称）にいます。

もしかしたら、一見図を見る限り、この二人は直接手が繋がらないので気が合わないように思えるかもしれません。

しかし、他のメンバーを入れればいいのです。

例えば仕事仲間でも同じ事です。

その人個人と合わないのではなく、他のメンバーを入れる事でより短時間で人間関係がスムーズになります。

あなたの近くでもそういう関係はありませんか？

二人でいると相手の事は掴めず理解できなくても、三人、四人でいる方が、より一人一人の違いが分かってきて、理解でき繋がっている気がするものです。

これは結婚相手なども当てはまります。

細かい相性関係は後半に回しますがパートナーと直接遺伝子型で繋がらないって不安になることはありません。（確かに相性的にも繋がる方が良いですが）

もし子供ができたならば、当然二人の中間の遺伝子型をもつ子が生まれる事になります。

つまり子が生まれる事で家族としてはさらに強く繋がることが可能になります。まとまって行動する方がより仲の良い関係を築くことができます。

子はかすがい（鎹）と言われる理由がこれでもわかると思います。（夫婦仲が悪くても、子が夫婦の縁を保ってくれるという意味です）

もちろん、たとえ離れた二人でも、相手の性格を知る事で仲の良い関係を築くことができます。苦手な上司でも、上司の性格の傾向を知る事で、深い関係も築く事は可能です。
そのためには相手を知る事と相手を認めることが大切です。

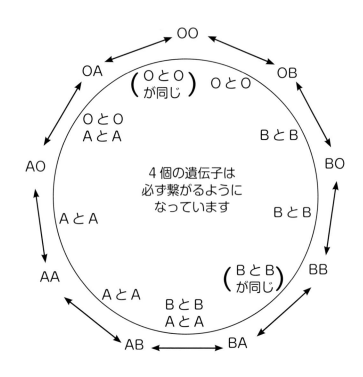

これからの血液型は全部で9タイプです。
今までの4タイプは忘れて大丈夫です。

更に詳しく自分を知るために、
自分が9タイプのうちどれに当てはまるか
考えていきましょう。

遺伝子型の不思議
（イ、ロ）で全反対（左右対称）

ここは少し難しいのでわからなかったら、とりあえずこのページは読み飛ばしてもらってかまいません。

縦軸（イとロ）を中心にして右側をB型物質、左側をA型物質にしてあります。

OA型とOB型、AO型とBO型、AA型とBB型、AB型とBA型は正反対になります。（左右で）

このように遺伝子型はA型物質とB型物質のように左右対称になりOO型とAB型のように物質の分泌の強さによって上下反対になります。

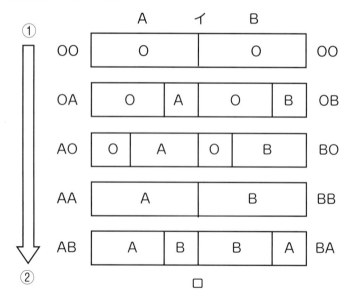

縦軸　イ、ロ　を中心として右側がB物質、左側がA物質
①〜②は物質の分泌が多くなっています。

遺伝子の濃淡の概念

後半に絵の具でもう少し説明しますが、今はまずＯを水だと
考えてください。

Aは赤ワイン、Bはビールと考えてください。

ＯＡ型とＡＯ型の違いは、ＯＡ型は水の割合が多くて赤ワイ
ンの割合が少ない飲み物。

ＡＯ型は、赤ワインが多くて、水の割合が少ない飲み物。

ＯＢ型とＢＯ型も同じように考えてください。

カクテルを想像するとわかりますが、割合によってかなり味
は異なってきますよね？

ＯＯ型とＡＡ型とＢＢ型は混ぜていない純粋なものだと考え
るとわかりやすくなります。

これらの血液型は特に性格の傾向にブレがありません。（だ
から人に合わせようとすると苦労するかもしれないです）

正反対 (左右対称) になる血液型

つまり一見自分とは性格が合わない人と考えられる血液型です。
是非、自分とは合わない人も仲良く付き合っていくためには知っておくことが大切です。

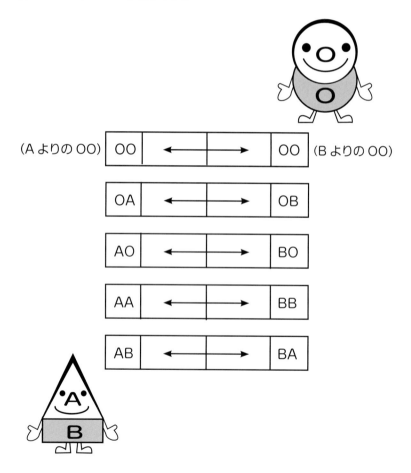

遺伝子の濃淡

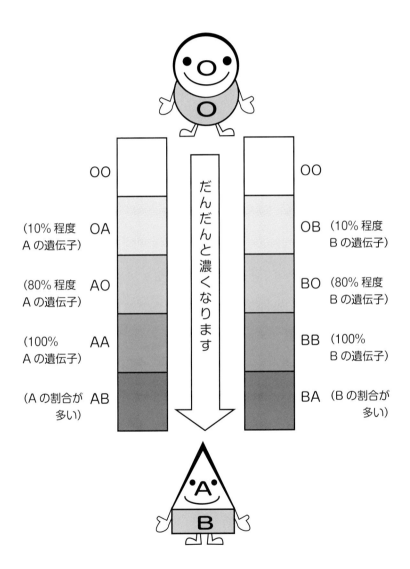

ではＡＢ型とＢＡ型の違いですが、ここが少しわかりづらいです。

先ほど、カクテルにもたとえましたが、ＡＢ型とＢＡ型の場合は平行して「共存」します。

ＡとＢは中和する事はありません。つまり混ざらないのです。液体ではなく固体どうしを混ぜたものと考えるとわかりやすいです。

例えば砂糖と塩を混ぜたものを考えてください。

食べるとどうなるでしょうか？

甘いものとしょっぱいものがお互いに消しあって、味がしないってことはないと思います。

おそらく、甘くもあり、しょっぱくもあり、よくわからないものを食べている気がすると思います。

それと同じです。

ＡとＢの組み合わせは液体が混ざって一つの味や色を出しているのではないのです。

本人は自覚していないのかもしれませんが、だからＡＢ型はきまぐれ型の血液型と言われるのです。

遺伝子の不思議
OO族グループとAB族グループ

もう少し性格をわかりやすくするためにOの割合が多い族とそれ以外の族で分類します。

Oの割合が多い族
OO型　OA型　OB型

それ以外の族
AB型、AA型、AO型、BA型、BB型、BO型です。

OO族の人は実際の血液型と異なっていても、性格がO型に似ていると言われる場合が多いです。

それ以外の族は、現在の血液型の性格と一致しやすい傾向があります。

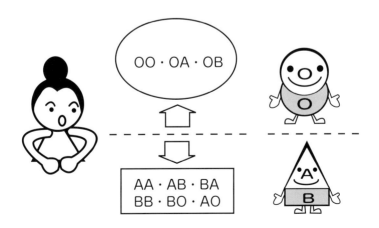

OO族グループと
AB族グループの境目

OO族

イ - - - - - - - - - - - - - - - - - ロ

```
        OO
     OA    OB
   AO        BO
 AA  AB    BA  BB
```

AB族

点線　イ、ロ　を境目にして、上がOO族、下がAB族
（BOとAOはAB族）

客観的に見て
　　安定している人と不安定な人

その人自身の安定、不安定を言っているわけではないので注意してください。ただの分類上の名称です。
ここでは単純にOの気質とAの気質、Bの気質のバランスの事を言っています。
ＡＡ型ＢＢ型ＯＯ型のように同じ遺伝子を持っている人は安定型です。

ＯＡ型、ＡＯ型、ＯＢ型、ＢＯ型のように違う遺伝子を持っている人は不安定型です。
このように不安定型の人は、<u>本人でも自覚できるレベル</u>で時々人が変わったようになります。
ＡＢ型とＢＡ型は先ほど砂糖と塩の例で述べたようにＡ型遺伝子とＢ型遺伝子が混ざることなく並行して共存しています。周りは猫のように気難しいと思われがちですが、<u>本人の自覚レベルは浅いです。</u>

ときどき人が変わったようになるのだ

遺伝子型の不思議　内向性と外向性

ＯＡ型　ＢＯ型　ＡＢ型の人は外向性の方が多いです。
ＡＯ型　ＯＢ型　ＢＡ型の人は内向性の方が多いです。

ＡＡ型、ＢＢ型、ＯＯ型は世間一般で言われるような内向性
と外向性の傾向は特にありません。
つまり内向性の人もいれば外向性の人もいます。
もしくは中間的な人も多く、判断が非常に難しくなります。

血液関係からみるリーダー性の発揮にも傾向があります。
Ｏ型の人が多い職場だとＢ型の人がリーダーになるとまとま
りやすくなります。
逆に、Ａ型が多い場合は、Ｏ型の人がリーダーになるとまと
まりやすくなります。

しかし、個人関係においては、例えば兄弟関係や先輩、後輩
関係ではこの関係が逆になります。つまりその人を支えてあ
げるのがうまい関係は実は異なるのです。
Ａ型はＯ型の面倒（世話・支える）のが上手いです。
Ｏ型はＢ型の面倒（世話・支える）のが上手いです。

ＡはＯより気質が強くでます　　ＢはＯをリードします
ＯはＢより気質が強くでます　　ＯはＡをリードします
　　　Ａ＞Ｏ＞Ｂ　　　　　　　Ａ→Ｏ→Ｂ面倒をみる
　　　Ａ＝＝＝Ｂ　　　　　　　Ｂ→Ｏ→Ａリードする
ＡはＯの面倒をみます
ＯはＢの面倒をみます

遺伝子型でわかる　内向性と外向性

メンデルの優性の法則ではないのですが、借りに同じ割合のＯ型物質とＡ型物質が混ざれば、表面的に現れやすいのがＡ型の方です。

しかし、Ｏ型物質の方がＡ型物質よりもかなり多い場合は、Ａの気質は少ししか現れません。（90パーセントの水と10パーセントの赤ワインを混ぜたら、味はどちらかというと水に近いです）

つまりＯＡ型は実は少ししかＡ型の気質はありません。Ｏ型の方に近いのです。

同様にＯＢ型も当てはまります。Ｏ型の気質が大体を占めます。

ですから、ＯＡ型とＡＯ型で内向性と外向性が違うのは理解できると思います。

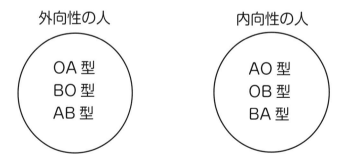

血液型による分類を簡単に否定する人がいます。
しかし、この血液型の違いに注目して世のために役に立つ研究している人たちがいます。

あくまで一つの例ですが、世界において最高峰のハーバード大学では、血液型によってどのような疾患になりやすいか研究しており幾つか発表もしています。

その人が、何の病気に罹るというのは、言うまでもなく食習慣や生活パターンと相関性が高いです。
このように血液型によって行動に傾向性があることが認められつつあります。もちろん因果関係を結びつけるには因子が沢山あって大変かもしれませんが。
しかし、血液型に注目したおかげで沢山の新しい知見が発見されています。
たかが血液型と思うかもしれませんが、されど血液型なのです。

自分の血液型(遺伝子型)わかりますか？

この遺伝子型の輪の中にいますよ

これから貴方の血液型（遺伝子型）は何型なのか
見つけてみたいと思います

① と ② の質問に　はい、いいえ、わからないの三つから一つ選んでください。

自分の血液型（遺伝子型）が
　　　　　はっきりわかる人もお願いします。

どんな結果になるかは私も、
　　　　　ワクワク、ドキドキ　します。

では、スタート

貴方の遺伝子型は？　①

はい、いいえ、わからないで
答えてください

	質　問	はい	いいえ	わからない
1	自分は明るい性格だとおもう			
2	口喧嘩なら負けないが、喧嘩は負ける			
3	心が不安定の時には外出したくなる			
4	にぎやかなところが好き			
5	お酒を飲むと本性が出る			
6	自分は素直で良い子			
7	食事はゆっくりだけど、全部食べる			
8	人生先行逃げ切り型を目指す			
9	マラソンも先行するが、追いつかれる			
10	どっちかというと楽観的			
11	どっちかというと他力本願			
12	人生は出たとこ勝負である			
13	噂はあまり気にならないが、傷つく			
14	行動してから考える			
15	目立ちたがる。変わったことが好き			
16	争いは嫌い。逃げるが勝ち			
17	オシャレには自身がない			
18	変なところにクソ真面目			
19	異性は顔とスタイルで選ぶ			
20	はったりも、時には必要であると思う			
21	お土産は沢山買う			
22	初恋のひとは、今でも忘れられない			
23	気まずい時、先に声を掛ける			
24	学歴は気にする			
25	八つ当たりすることがある			
26	せっかちなところがある			
27	旅行の前の日はよく寝れる			
28	仕事でトップにはなりたくない			
29	人を引っ張っていくタイプ			
30	面倒見るのはきらい。みられるのは好き			
31	必要最小限のお金があればよい			
32	好きな人には好きと言う			
33	自分を信じられない時がある			
34	自分は自分、人は人だが気になる			
35	棚からボタモチ（牡丹餅）タイプではない			

貴方の遺伝子型は？ ②

はい、いいえ、わからないで
答えてください

	質　問	はい	いいえ	わからない
1	大器晩成型タイプだと思う			
2	読書が好き			
3	お金はあればつかってしまう			
4	自分の意思は通す			
5	ストレスは直接身にくる			
6	心を癒すには静かなところがいい			
7	海より山が好き			
8	異性は顔やスタイルより中身で選ぶ			
9	旅行の前の日はよく寝れない			
10	宴会では借りてきた猫のように静か			
11	世話を焼くタイプ			
12	みんなをまとめていくタイプ			
13	行動する前に考える			
14	沈着冷静である			
15	食べ物に好き嫌いがある			
16	本当は気が弱い。傷付きやすい			
17	好きな人に、なかなか好きと言えない			
18	負けず嫌いで頑固で意地っ張り			
19	気が長い方			
20	旅行はゴージャスにしたい			
21	疲れる日程の旅行はだめ			
22	家庭が一番心が安らぐ			
23	一度決めたことはやり遂げようとする			
24	自分自身を持っている。信念はある			
25	反省はよくする。しかしやはり自分が正しい			
26	学歴は気にしないと言ってるが気にする			
27	一度奪った権力は死んでも渡さない			
28	そっと色んな事に気がついてくれる人が好き			
29	服装は上から下までこだわる			
30	お金が全て。お金が一番好き			
31	お酒を飲んでも理性は失わない。お金を失う			
32	高価なお酒を一人ニンマリ飲むのが幸せ			
33	苦労はしているが気がついてくれない			
34	いつまでも根に持つ。突然思い出す			
35	本当は自分が一番優しい。分かってほしい			

お疲れ様でした。
　ありがとうございました。

　この質問は、
　　貴方が、内向性なのか外向性なのか
　　判断させていただきました。

文章での説明だと少し曖昧な質問項目もあり、きっと答えるのに難しい質問もあったと思いますが、この結果はあくまで目安にしてください。

実際に対面した時にわかる、その人の行動や話し方がポイントになる事は言うまでもありません。

しかし自分では内向性だと思っていたのが、このアンケートでは外向性の結果になった場合、あなたは実は外向性の可能性があります。

発表させていただきます。

①、で（はい）が多かった人は
　　Aよりの〇〇型の人かもしれません。
　　〇A型、BO型、AB型の人かもしれません。
　　つまり、ハイが多い場合、外向性の可能性が
　　あります。

①、で（いいえ）が多かった人は
　　Bよりの〇〇型の人かもしれません。
　　AO型、OB型、BA型の人かもしれません。
　　つまり、イイエが多い場合、内向性の可能性
　　があります。

①、で（わからない）が多かった人は
　　AA型、BB型の人かもしれません。

②、で（はい）が多かった人は
　ＢよりのＯＯ型の人かもしれません。
　ＡＯ型、ＯＢ型、ＢＡ型の人かもしれません。
　つまり、ハイが多い場合、内向性の可能性が
　あります。

②、で（いいえ）が多かった人は
　ＡよりのＯＯ型の人かもしれません。
　ＡＯ型、ＢＯ型、ＡＢ型の人かもしれません。
　つまり、イイエが多い場合、外向性の可能性
　　があります。

②、で（わからない）が多かった人は
　ＡＡ型、ＢＢ型の人かもしれません。

自分の遺伝子型わかりましたか？
　ハッキリまだわからないですよね

先ほどのコラムのおまけですが、ハーバード大学の研究では、人類の最初はO型しかいなかったと言われています。
つまりO型から他の血液型は進化、変化してきたと言われています。
そこからA型、B型の血液型が生まれてきました。
進化においては、O型からA型にすぐに変化することはありません。
かならず中間を通る事になります。
子供から大人に急に変化するのではなく、青年期を通過します。
何が言いたいのかというと、
つまり限りなくA型に近いO型や逆に、限りなくO型に近いA型はいるはずです。

油の中に水を少し垂らすと、油の中に水が「滴」として存在しますが、水の量を多くすると逆転逆相して、水の中に油の「滴」が存在します。
これが血液型にも当てはまります。
ですから、A型と言われた人は、ＡＡ型、ＡＯ型、ＯＡ型が存在します。
ＡＢ型も、ＡＢ型、ＢＡ型の２タイプある事になります。

他の血液型占いの本を読んで、A型なのにA型の性格が当てはまらない。もしくはO型の人の内容の方が私に合っている。結局どれも当てはまるから、血液型占いの本は当てにならないと思った人も多いと思います。
私から言えば、それは当然の事なのです。
それは今までOの要素の割合やバランスについて考えて来なかったからです。
次項からその内容について詳しく説明します。

血液検査でA型と言われた人は
次の3タイプに区別されます。
顔や姿は同じでも、遺伝子型が違います。
性格も気質も違います。

AA型、AO型、OA型の人を区別してみました

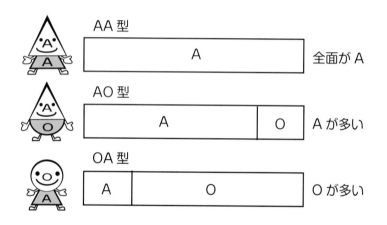

ＡＡ型は身体をつくっている材料が全てがＡの物質だと考えて下さい。

同様にＡＯ型は身体をつくっている材料がＡとＯの物質。

またＯＡ型は身体をつくっている材料がＯとＡの物質。

（ＡＯ型の人とＯＡ型の人は持っている物質は同じです。
しかしＡの物質の分泌の量が多いか少ないかで判断します。
ＡＯ型はＯの物質より圧倒的にＡの物質が多い人です。
ＯＡ型はＯの物質の中にほんの少しＡの物質が混ざっている人になります。）

A型は3タイプあります
B型も3タイプあります

血液型A型は

遺伝子型、　AA型、AO型、OA型
の3タイプになります。

血液型B型は

遺伝子型、　BB型、BO型、OB型になります。

血液型AB型は

遺伝子型、　AB型、BA型になります。

BB型、BO型、OB型の区別

血液型検査では、この3タイプはB型とされます。
しかし、この3タイプは持っています遺伝子、物質が違います。
ＢＢ型はＢの遺伝子を２つ持っている人です。
つまりＢの気質が一番でている人です。

ＢＯ型は、ほとんどＢの気質でＯの気質は少ない人です。

ＯＢ型は、ほとんどＯの気質でＢの気質が少ない人です。

BB型 | B | 全面にBの物質がでています

BO型 | B | O | Bの物資が多くOの物質が少ない

OB型 | B | O | Bの物資が少なくOの物質が多い

同じ顔をしてますが、
性格も気質もぜんぜん違います。
遺伝子の濃淡が違っているからです。

OB 型と BO 型の違い

OB 型と BO 型の違い

ＯＢ型とＢＯ型は持っている遺伝子と物質は同じです。お互いに逆さまにしたような感じです。

OB 型はＯＯ族でＯの物質が多くＯの気質が強くでています。
BO 型は AB 族でＢの遺伝子物質が多い人でＢの気質が強くでている人です。

ＯＢ型はＯの遺伝子がＢの遺伝子より強く濃く分泌されています。

OB 型はＯの遺伝子の中にほんの少しＢの遺伝子が含まれています。

ＢＯ型はＢの遺伝子がＯの遺伝子より強く濃く分泌されています。

ＯＢ型もＢＯ型もＯの遺伝子とＢの遺伝子を持っていますが遺伝子の分泌の多さでＯＢ型とＢＯ型に分かれます。勿論性格も気質も違います。

OA型とAO型の違い

OA型とAO型の違い

ＯＡ型もＡＯ型も持っている遺伝子と物質は同じです。
Ｏの遺伝子が強いかＡの遺伝子が強いかの違いです。
Ｏの遺伝子が強いならＯＡ型でＡの遺伝子が強いならＡＯ型です。
同じ遺伝子型、物質を持っていても性格も気質も違います。

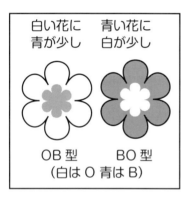

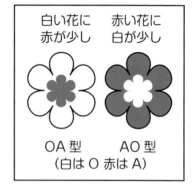

絵の具を遺伝子に例えると

25 ページでカクテルで説明しましたが、もう少しわかりやすく説明します。絵の具で説明します。ただし 25 ページで理解できたなら、ここは読み飛ばしてもらって構いません。

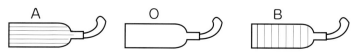

赤い絵の具と白い絵の具を混ぜると薄いピンク色になります。薄いピンク色はＯＡ型です。濃いピンク色はＡＯ型です。

青い絵の具と白い絵の具を混ぜると薄い水色になります。薄い水色はＯＢ型です。濃い水色はＢＯ型です。

ＡＢ型とＢＡ型は正確には混ざり合うというよりは、水玉のように個々の色が存在しているイメージの方がより正確です。混ざって一つの色になっていないのがポイントです。

赤い絵の具と赤い絵の具を混ぜると赤い色になります。ＡＡ型です。青い絵の具と青い絵の具を混ぜると青い色になります。ＢＢ型です。

白い絵の具と白い絵の具を混ぜると白色になります。ＯＯ型です。

ＯＯ　　　　　　　ＯＯ

結びつきについて
　　少し考えてみましょう

自分と相手につながる要素について考えてみましょう。

自分がＯＢ、相手がＡＯなら、お互いにＯ型があるのですぐにつながり、相手に自分の似ている部分がある事に気づきます。

しかし次にＢとＡが残ります。（次ページの図参照）

ＢとＡは基本合いません。ですから、理解できないところが出てきます。

ですからこの場合、お互いに「理解する」のではなく、「認める」という心の働きが必要になります。

中途半端に自分に似ている部分があるので、仲良くなった後で結局すれ違いが起きてしまったと勘違いするパターンの一つです。もともと合わない部分があったのですから。

初めはきっと気が合うところばかり目が行くものです。

また自分にはないところが魅力的に感じます。

しかし長く付き合えば、当然理解できないところが目立ってきます。

逆を言えばどんなに理解しようとしても理解できないところがあると思って下さい。

それは血液型の部分もそうですが、つながらないところが出てくるからです。

それが多様性の意味でもあります。

長い間良好な関係を築くには認めてあげることが大切です。

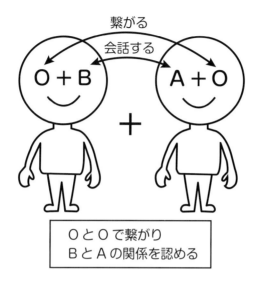

自分の遺伝子型がAB型の場合

自分を含めて9タイプの遺伝子型の人との相性が生じてきます。

ＡＢ型とＯＢ型も同様に考えてみましょう。

Ｂが両方にあるのですぐにつながる事ができます。自分に似ている部分が相手にあるので、比較的簡単に意気投合ができます。

しかしＯとＡは共通してません。だから気が合わないところが生じてきます。

しかしＡとＯは面倒見の良さの関係でつながることができます。(32ページ)

だから、相性は悪くはありません。
しかしＡとＢはこのつながりはありません。基本合わないと考えてください。

だから個人的な時間をお互いに楽しんだ方が上手くいきます。
これはＡＡ型とＢＢ型のカップル、夫婦にも当てはまります。

極端の事を言うなら、相手を火星人と思った方が上手くいく場合が多いです。
そして、合わないのなら相手の個性を認めてあげて、
自分の趣味を重要視して楽しんだり、一人旅行など自分の時間を楽しんだ方が逆に良好な関係が築けるポイントとなります。もちろんお互いを尊重するのが大切なのは言うまでもありませんが。

このように人間の相性は理屈が少しあり、自然に近づいて自然に離れています。
始めは心で感じていて良かったことが、いつの日か食い違っていたことに気が付き離れていく。そしてあの人の方が良かったんではないかと思うことはありましたよね？

ＯＯ型ＡＢ型

ＯＯ型とＡＢ型は少し注意が必要です。

ＯとＡ、ＯとＢはページ32により、リーダーの発揮性に（引っ張る）と面倒見の良さ（支える）関係により、ＯＯ型は、ＡＢ型と付き合う時には引っ張ってあげて、時には支えてあげる必要が出てきます。

つまりＯＯ型は、ＡＢ型と付き合う場合、甘えられたりもしてリードしてあげる必要もありますが、時にはＡＢ型がＯＯ型をリードすることがあります。ですから、上下関係が少し反転する事が度々あります。ＯＯ型はＡＢ型と付き合う場合は、広い心で付き合うようにしましょう。

これはＯＯ型とＢＡ型にも当てはまります。

ＡＡ型とＯＢ型もしくはＢＯ型の相性

どちらにも共通要素はありません。

ただし、ＯとＡは面倒見の良さでつながります。（ＯはＡのリーダーとなり、ＡはＯを支えます）

しかし、ＡとＢはつながりません。

ですから、繋がらないところができますので、

お互いに歩み寄るのではなく、

個性として認めあう必要があります。

ＡＢ型とＢＡ型の相性

こちらは各自持っているＡが繋がり、Ｂも繋がるので相性の良いものになります。

これはＡＡ型同士、ＢＢ型同士、ＯＯ型同士にも当てはまります。

細かい相性点はページ122〜『45組♥のチャーミングポイント』に記述しています。
このように、遺伝子型同士の相性って神秘的なようで、理に適っていると感じませんか？

人間の相性というのはもちろんありますが、仲の良い関係を長く築くには相手の事を知ることが大切になってきます。
合わない部分があるのなら、まずは認める。それが大切です。

遺伝子の不思議

O　と　O

黙っていても心は通じる。

A　と　B

話をしなければ心は通じない。

A　と　A

一年中話をして心は通じる。

B　と　B

一年に一回話をすれば心は通じる。

花と遺伝子型 (例えば)

根を遺伝子に例えると、花をヒトにたとえると。

赤い花、青い花、白い花が咲いてます。赤い花はA遺伝子、青い花はB遺伝子、白い花はO遺伝子です。色は違いますが根は同じです。色が違うチューリップです。蜂が飛んできて蜜を吸います。種を運んでくれて種族は栄えます。蜂にも好みの色の花があります。種族を増やすために多くの色の花を咲かせて蜂が来るのを待ってます。

花の色は同じ赤い花でも根が違っていれば同じ種類の花ではありません。
花も生き残るためにはライバルがいます。蜂がきて蜜を吸って種を増やすために、より美しく咲かなければなりません。花も他の種類に負けないため戦い続けています。

異なる花の色があっても根が同じなら同じ種類の花です。
同じ色の花が咲いていても根が違うと同じ種類の花ではありません。
花は他の花に負けまいとして美しく目立つように咲いています。
根が違っていればなおさらです。
美しく目立つように咲かなければ他の種類の花に負けてしまいます。

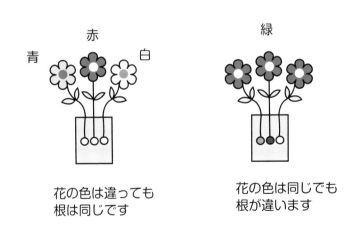

花の色は違っても
根は同じです

花の色は同じでも
根が違います

自分自身を引っ張る自分
自分自身を守る自分

誰でも親から2つの遺伝子を受け継いで生まれて来ます。
人間の持っている2つの遺伝子には意味があります。2つの遺伝子の1つが自分自身を引っ張り、もう一つが自分自身を守る役目を実はしています。

ОB型の人を例にとってみましょう。
ОB型の人はОの遺伝子とBの遺伝子を持っています。
ОB型はОの割合が多いです。逆にB型遺伝子の割合が少ないです。
ОB型の意味を考えましょう。
О型物質の割合が大きいので、表に出るのがОになります。
Оが攻めになると思って下さい。
（攻めとは攻撃的という意味ではなく、相手に対して印象を与えやすいという意味です。）
逆に割合の少ないBは守りになります。
守りの役目はその人の支えになり、目立たないところや家ではBの要素も出てきます。

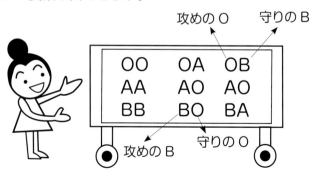

遺伝子型による相性の本質

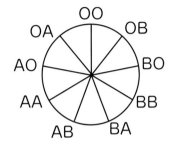

O遺伝子とO遺伝子、A遺伝子とA遺伝子、B遺伝子とB遺伝子はおなじ遺伝子です。おなじ遺伝子、物質は繋がり結びつくことが出来ます。

O遺伝子とB遺伝子は違う遺伝子です。繋がり結びつく事ができません。(32ページ参照)

しかし、OとBは面倒見の関係により、相性はわるくありません。

OはBの面倒見るにはとても相性が良いのです。

しかし、A遺伝子とB遺伝子は考え方、気持ち、何に誇りを感じるかが違います。つまり、何度も会話をする事でやっと理解始める事が可能です。

しかし、やはり自分とは別の人間であることを認めて尊重する事が大切です。

OA型やAO型、BO型やOB型などの不安定型は、一人でいるときと、誰かといるときでは自分の気持ちが違っている事に気がつきます。

相手の事を考えて行動している部分があるからです。自分には2つの遺伝子があります。相手の人も2つの遺伝子があります。二人で4つの遺伝子です。必ず一組の繋がり結びつく遺伝子ができます。<u>遺伝子型の相性の本質はこの遺伝子の繋がり結びつきのことです。</u>

二人で最強になれる遺伝子型のコンビ

原則的に一人でＡＢＯの遺伝子３つを持っている人はいません。

Ａは合理的でプライドが高い、一度つかんだ権力は絶対に離さない。

Ｂは先駆者タイプで、内から出て外に出ようとする意識が強いです。

Ｏは柔軟な心の人で、純粋な気持ちを持った人が多いです。

この３つの遺伝子が揃えば最強になれます。

一人では無理ですが、二人なら最強のコンビが誕生します。
条件は二人でＡＢＯの３つを持っていることです。

この二人の間に子供が生まれたなら、なおバランスが良くなります。
このコンビは外部に対して柔軟に対応する事ができます。
極端の事を言うなら、ライバルがいるならば強くなれるタイプです。

Ａ、Ｂ、Ｏの３つの組み合わせが理想なのは次の３つです。

①、ＯＯ型の人とＡＢ（ＢＡ）型の人です。

②、ＡＡ型の人とＯＢ（ＢＯ）型の人です。

③、ＢＢ型の人とＯＡ（ＡＯ）型の人です。

ＯＯ型に足りない遺伝子はＡとＢの遺伝子です。

ＡＡ型に足りない遺伝子はＯとＢの遺伝子です。

ＢＢ型に足りない遺伝子はＡとＯの遺伝子です。

遺伝子型のバランス

ＯＯ型の人とＯＯ型の人が結婚すると
　　子どもは 100％　ＯＯ型の子どもが生まれます。

ＡＡ型の人とＡＡ型の人が結婚すると
　　100％　ＡＡ型の子どもが生まれます。

ＢＢ型の人とＢＢ型の人が結婚すると
　　100％　ＢＢ型の子どもが生まれます。

ＯＯ型の人とＡＢ型の人が結婚すると
　　50％の割合でＯＡ型とＯＢ型の人が生まれます。
　　自分と同じ遺伝子型は生まれてきません。

ＡＡ型の人とＯＢ型の人が結婚すると
　　50％の割合でＡＢ型とＯＡ型の子どもが生まれてきます。
　　（自分と同じ遺伝子型は生まれてきません）。

ＢＢ型とＯＡ型の人からも50％の割合で、ＡＢ型とＯＢ型の子どもが生まれてきます。（自分と同じ遺伝子型の子どもは生まれてきません）。

遺伝子の世界でも調和のとれたバランスの良い住みよい社会を目指しています。

なが～く仲良くしたい
どうしても幸せになりたい
血液型（遺伝子型）の相性が良い9タイプ

相性が良い、仲の良いという事は
次の事だと思います。

OとOが繋がり、同様にAとAが、
そしてBとBが繋がることです。
この部分はお互いに共通点があるので、
さらにその共通点を深め合う行為です。

AとBはお互いに認め合うことが大切です。
理解できない部分を、その人の個性だと考え
お互いの生き方の違いについて認めましょう。

遺伝子型の輪 （自分の位地）

遺伝子型の輪の中で、自分がどこの位置にいるかまず考えてください。
貴方がＯＢ型なら、隣の人はＯＯ型かＢＯ型になります。
簡単に共通点を見つけることが可能になり、意気投合まで早いです。
しかし、長くいると自分に似ているところを見つけます。

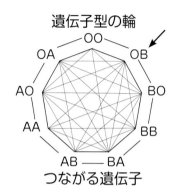

すると、同一嫌悪（自分と同一の人を嫌いになる）を発生する可能性が高いです。
こういう場合はお互いに欠点などを見つけ成長することが大切になってきます。
ただし一緒にいて楽なのが、自分と同じ血液型のタイプか、もしくは隣の人になります。
逆に一番遠い人はＡＡ型です。反対側の人は貴方に持っていない才能や性格を持っている人です。
貴方と手を組んで助け合っていけば何事にも対処できる相手です。
貴方の血液型と対称にある、ＯＡ型の人は、Ｏで繋がることができます。
そして、ＡとＢの関係性を認めることができれば、何でも話し合う事ができる最高のパートナーになります。

遠く離れている人は
　　実は相性は悪くない!!

遺伝子型の輪ではあえて自分から見て遠く離れている人を相性の良い人にしています。

ここは、他の血液型占いの本とは全く異なるところです。

理由として、遺伝子型のバランスです。

ＯＡ型（もしくはＡＯ型）の人ＯＢ型（もしくはＢＯ型）の人ならバランスが良く、ＯＯ型の子供とＡＢ型の子供が生まれて来ます。

つまり三人になった途端に、隣同士強く結びつく事ができます。

また自分と正反対の人とは、最初はぎこちない関係かもしれませんが、段々と認め合えれば逆に離れるのが寂しくなります。

相性はいろいろです。長い目で見る事も大切です。

すぐに判断するのは危険な事がわかります。

ですから気が合わないのは当然であり、合わなくてもお互いに認め合っていい刺激を与えあえばうまくいきます。

左右対称（正反対）になる遺伝子型

イとロが結ぶ線を中心にして、
左側をAゾーン、右側をBゾーンに分かれます。
右側と左側に分かれた、AゾーンとBゾーンの遺伝子型はお互いに対立しているように見えます。
対立しようと思えば、いくらでも対立する事ができます。
つまり相手の気に入らないことを挙げればいくらでもあげる事ができるのです。
しかし見方を変えれば、自分にないものを持っているわけですから、協力できれば多角的に問題を対処する事が可能になります。

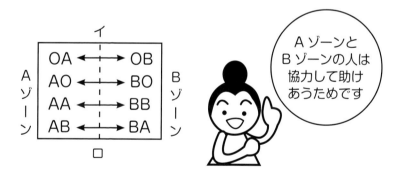

相談しても参考にならない場合が多いですが、しかし自分とは違う考え方を持っている事に気づかされるでしょう。新しい考え方を受け入れる勇気をもってください。
昔、こんな歌がありました。
『勝って嬉しい花いちもんめ　負けて悔しい花いちもんめ　○○さんが欲しい　あの子じゃわからん　この子が欲しい　この子じゃわからん　相談しよう　そうしよう　アップップ』
私はこの歌を聞けば、いつもA型ゾーンの人はB型ゾーンの人を、B型ゾーンの人はA型ゾーンの人を探しているようにも感じられます。
理解できない部分があるのは当たり前。この本で相手を知って積極的に色々な考え方を学んで下さい。

私はＢＯ型で私の妻はＡＯ型です

コラム

　一般的な血液型の本を読むといつも私たちの相性は下から一番目か二番目です。

　相性的にはかなり合わないと言われていますが、今でも仲良くお互いに尊重し合いながら一緒に暮らしています。喧嘩をしても、合わないところがあることを認識している私は、どんな事で怒っているか、詳しく聞くようにしています。

自分で特に気にしない事が相手を怒らせている場合があるからです。

教えてもらったらそれを忘れずにチェックやメモをしたりしています。それに気を付けて行動する事で、些細な喧嘩の量がかなり減りました。

むしろ縛られていると感じるより、自由になったと感じる事が多いです。

何がダメで、何がＯＫなのかは、やはり話合う事や学ぶことが大事なのです。

また子供が二人生まれてからは（ＯＡ型とＯＯ型）更に繋がり、家族４人として行動する方がより統率がとれていると感じています。

これは仕事においても当てはまります。

あるときＯＡ型とＢＯ型が仕事の事で喧嘩をしていました。お互いに主張を言い合うだけでお互いに歩み寄ろうとする気配もなかったのを覚えています。

私はその二人の上司だったために、別のＯＯ型の人間にその二人と一緒に仕事をするよう命じてみました。

すると、その二人では会話が全くなかったのに、ＯＯ型を入れて三人で仕事をさせることで会話の量が増え、笑顔を見受けられるようになりました。

ＯＯ型が二人の緩衝材となることで、お互いのことを知るきっかけが生まれ、円滑に会話が可能になったからです。

その後二人に戻しても、一度お互いを認める事ができているので喧嘩している姿は見なくなりました。

69

血液型9タイプの詳細

AOBの要素のイメージ

Aの要素

結婚して幸せになる
家庭大事・慎重な性格
静か・信頼関係大切にする
がんこ・融通がきかない・勤勉
信頼ある・最後までトコトン
やる・忍耐力ある・理性的
真面目・几帳面

Oの要素

おおらか・心が広い
空気が読める・家が好き
明るい・個性的・社交的
おおざっぱ・調子にのりやすい
無償の愛・小さいことで
悩まない・優しい人が好き
きつい性格はだめ
甘えんぼう・親分肌

Bの要素

サバサバしている
理性より本能・気分屋
波がある・オタク気質
目立ちたい・自分のペースにする
人とペースを合わせられない
人と違うものが好き
明るい性格

遺伝子型 ＯＯ 型のキャラクター

両親からＯの遺伝子２つを受け継いで生まれました。
細かい事をいうのならば、Ａ型よりのＯＯ型、Ｂ型よりのＯＯ型にも分ける事ができますが、基本ＯＯ型は柔軟です。相手に合わせて行動します。
ですから、外向性にも内向性にもなります。人によってキャラを演じるのです。
自分の性格と正反対を感じるのはＡＢ型とＢＡ型です。
ですから、自分にないものを知るにはＡＢ型とＢＡ型と付き合うのが一番です。
身近にいた場合は大切にし、良く観察するようにしましょう。

あなたはＯＯ型として生きていかなければならない宿命があります。
純粋であり、心が広い方です
他人からは安定していて性格にムラがないと思われています。
ぶれずに努力できる人です

あなたはＯとＯで生きていく宿命の人です。

●**気持ちと心の広い人です。**
●**安定型です。**
●**ぶれない人です。**

○○型はこんな人

おおらかで広い心を持っていて、広すぎてわからない時が多々ある。
その場の空気が読める。今日の空気はやばいかも。
優しい人が好き、可愛い人も好き。
甘えん坊のところがある。
しかし親分肌、姉御肌のところがある。
組織の中チームの中で中心となって、人をまとめていく才能がある。
家にいることが好き。家は最高のくつろぎの場所。
恋人同士がいつの間にか、親子の関係に変わっている。
明るい恋愛が好き。君は心の太陽。
自分を好きになってくれる人が大好き。
好きになったらいつも離さない。
一目惚れがあった。ピーンときた。

私が1番。あんたは2番。これは譲れない。
人にとことんつくす無償の愛。
好き嫌いがある。好きは好き、嫌いは嫌い、理由はない。
平和で愛情溢れる世界に憧れる。南国の楽園。
夢は博士か大臣か、はたまた大富豪、夢に向かって走ってます。
夢を持っている人がすき。貧乏学生をなんとかしてあげたい乙女心です。
愛が全てロマンチック。今日のおかずはコロッケ、意外に現実的。

遺伝子型 ＯＡ 型のキャラクター

両親からＯの遺伝子とＡの遺伝子を１つずつ受け継いで生まれました。
ＯとＡの要素があるので、他人からは時に人が変わっているように思われる時があります。柔軟性にはやや欠けます。
Ｏ型要素が多い人です。
ＯＡ型の人は外向性です。
勤勉、忍耐力、誇り高く、品性など兼ね備えています。
貴方にないものはＢの要素です。
ＢＢ型などの人は気が合わないかもしれませんが、色々な人と良好に付き合うには、Ｂの要素について知ることが大切になります。
ＯＢ型、ＢＯ型、ＢＢ型を良く観察してください。
彼らには彼らなりの規則に沿った行動をしているのです。
気付いてください。それが、あなたにとっては不合理に思われてもです。

あなたはＯとＡの二面性を生きていく宿命の人です。
心あるプライドの高い人です。
他人からは性格にムラがあるように思われる時があります。
外向性です。

あなたはＯとＡで生きていく宿命の人です。

●**心あるプライドの高い人です。**
●**不安定型です。**
●**外向性です。**

OA型はこんな人

優しい人です。上から下まで毅然としています。
真面目な人が歩いているとよく言われます。
飲み屋で時々会うような気がします。
曲がったことが嫌いです。ネクタイと筋道。
理性的で上品で人前では明るいです。

几帳面な人です。貯金が趣味です。しかし支出も多いです。
潔癖症です。朝の空気は美味しいです。早起きは三文の得です。忍耐力があって力持ち。名誉会長です。
一度決めたことは最後までとことんやろうとします。
勤勉です。二宮金次郎です。
信頼できる人です。信用あっての私です。
頑固な人です。頭も少し固いです。
融通が利かない人みたいです。仕事はサービス業が得意です。
突然怒ることがあるそうです。過去に何かあったようです。
慎重な性格です。
絶対騙されません。そうです絶対騙されません。
浮気はしません。家庭が一番です。
家事は大事にします。夕飯がときどき遅くなります。
結婚して幸せになります。幸せすぎて怖いです。
しっかりしているようで、ちいさなミスをしています。
ミスをしても誰も気が付かないです。知ってる人は知ってます。ミスをしても黙っています。信頼できる私です。車を少しぶつけました、タイヤが取れてしまいました、知らないフリをします。
私は真面目です。上品で理性的です。曲がったことは時と場所によります。

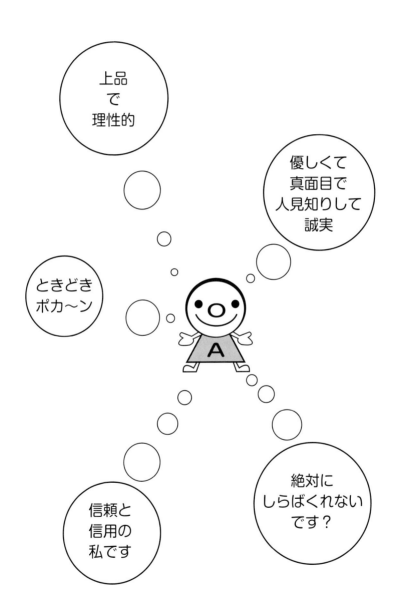

遺伝子型 OB 型のキャラクター

両親からOの遺伝子とBの遺伝子を1つずつ受け継いで生まれました。
OとBの要素があるので、他人からは時に人が変わっているように思われる時があります。
不安定型です。
O型の要素が多い方です。
OB型の人は内向性です。
さばさばしています。本能で動き、気分屋の要素が含まれます。
貴方にないものはAの要素です。
ＡＡ型などの人とは共通点がないかもしれませんが、色々な人と良好に付き合うには、Aの要素について知ることが大切になります。
ＯＡ型、ＡＯ型、ＡＡ型を良く観察してください。
彼らには彼らなりの規則に沿った行動をしているのです。
気付いてください。

あなたはOとBの二面性を生きていく宿命の人です。
広い心と素晴らしい考えを持った人です。
他人からは性格にムラがあるように思われる時があります。
内向性です。

あなたはOとBで生きていく宿命の人です。

●広い心とすばらしい考えを持った人です。
●不安定型です。
●内向性です。

OB型はこんな人

あっけらかんとしていて明るい性格です。
「君ならできる」とおだてに弱い。

細かいことに悩まないが変なことで真剣に悩む。
何に悩んでいるのか自分でもわからない。
大切なことに悩まないで、大切でないことに悩む。
人と違うものが好き。寒い時カッパが下着になる、温かい。
目立つことが好き。職場では死んだまね。
オタク気質でオタク仲間と花が咲く。最後に喧嘩して終わり。
一極集中、心の琴線に触れた人には財産をかけても良い。
人とペースが合わせられない。きっと相手が悪い。
自分のペースにしてしまう。もうあの人は会ってくれない。
猫と同じでマイペース（猫には負けられない）な考え方。
時間の観念がない。腹時計はしっかりしている。
今日は何かあったはずだ、なんだろう友達に電話。
気分屋で波がある、プラス、マイナス、あまのじゃく。
理性より本能。夜の巷を徘徊する。相手にされない、寒い心はボロボロ。
性格がイノシシ、心臓はノミ、お酒を飲むとどら猫。
サバサバしている。異性にはチマチマ。お酒はチビチビ。
心配事が最近見当たらない、病気かもしれない。
日曜日夕方、昼寝をして職場へ行った、誰もいなっかった。
休みだった。
今日も元気だ、朝食がうまい。
妻の弁当が一番うまい。ヨイショ！ふん。

遺伝子型 AO 型のキャラクター

両親からＡの遺伝子とＯの遺伝子を１つずつ受け継いで生まれました。
ＯとＡの要素があるので、他人からは時に人が変わっているように思われる時があります。
柔軟性にはやや欠けます。
Ａ型の要素が多い方です。
ＡＯ型の人は内向性です。
勤勉、忍耐力、誇り高く、品性など兼ね備えています。
貴方にないものはＢの要素です。
ＢＢ型などの人は気が合わないかもしれませんが、色々な人と良好に付き合うには、Ｂの要素について知ることが大切になります。
ＯＢ型、ＢＯ型、ＢＢ型を良く観察してください。
彼らには彼らなりの規則に沿った行動をしているのです。
気付いてください。

あなたはＡとＯの二面性を生きていく宿命の人です。
理性的で気持ちの強い方です。
他人からは性格にムラがあるように思われる時があります。
内向性です。

あなたはＡとＯで生きていく宿命の人です。

●**理性と気持ちのある素晴しい人です。**
●**不安定型です。**
●**内向性です。**

AO 型はこんな人

プライドを大切にしますが優しい心の人のようです。

負けず嫌いで勝気。これが成功の秘訣なのか、失敗なのか知っている人は知っています。

家庭でも職場でも最大限の努力をします。ミスは少ないと思います。

カラオケでもこちらから勧めなければ、なかなかマイクを握らない。

職場の外では静かになります。不思議なことです。

お酒は高級な物を上品にゆっくり味わっています。会費負けしないようです。

誰かがかまわないと不機嫌になる。ときどきかまわないといけない。

ただし触ってはいけない。私は上品でプライドがあります。二人の時はわからないです。

慎重な性格です。石橋を叩いてつり橋をわたります!!

怒っても口が先、手はでないが唾がとぶ。

融通がきかないが話は聞いてくれる。人当たりは良い人。

頑固で怒るがすぐにフォローしてくれる。初めから怒らなければいいのに。

上司には弱いが部下にも弱いです。本当のことです、ここだけの話です。

信頼関係が大切です。信用金庫に預金してます。

勤勉は成功の母、努力あっての今があります。この権力は渡さない。

とことん決めたことは最後までやり遂げる。几帳面で潔癖で真面目。トップを目指す。お金が全てなのかも知れない。

決めたことが、思い通りにならない私のどこがいけないの？
完璧主義です。
財布からときどき小銭がなくなっているような気がする。被害妄想。
人が見ているとあがってしまう。しかし見ていなければ淋しい。
一人で食事はひっそりだが、人が来ると松茸ご飯食べさせてあげたい。
気配り、目配り、短波放送局。

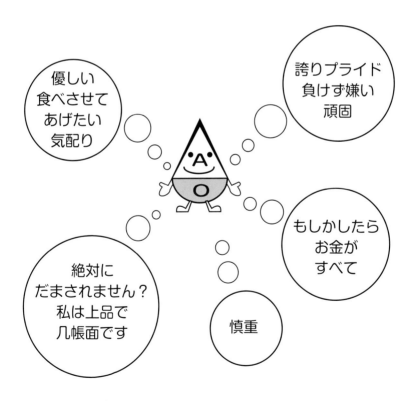

遺伝子型 ＡＡ 型のキャラクター

両親からＡの遺伝子とＡの遺伝子を１つずつ受け継いで生まれました。
ＡとＡの要素で構成されているので、性格や行動には基本一貫性があります。
相手に合わすより、合わせてもらえると助かるタイプです。
ＡＡ型の人は内向性でも外向性でもあり、家にいるのも外に出るのも特段変化はありません。
勤勉、忍耐力、誇り高く、品性など兼ね備えています。
貴方にないものはＢとＯの要素です。
ＢＢ型などの人は気が合わないかもしれませんが、色々な人と良好に付き合うには、Ｂの要素について知ることが大切になります。
ＯＢ型、ＢＯ型、ＢＢ型を良く観察してください。
彼らには彼らなりの規則に沿った行動をしているのです。
気付いてください。

あなたはＡとＡの安定型を生きていく宿命の人です。
品性を持ち、理性のある素晴らしい人です。
安定型で行動に一貫性があります。
ぶれずに最短距離の結果を出します。

あなたはＡとＡで生きていく宿命の人です。

●品性と理性のあるすばらしい人です。
●安定型です。
●ぶれない人です。

AA 型はこんな人

カッコよい（服装、身なり、身のこなし）。そうでもない人もいる。

外で頑張って才能を発揮させている人が多い（芸能肌）。

一匹狼的なところがある案外寂しがりや。街の灯りが恋しい。

流行に敏感な人とそうでない人に分かれる、当たり前。

独特のオシャレ、日本離れしている。日本人にはわからない。

人にわからないオシャレ、良いのか悪いのかわからないです。

自分に合っていても合っていなくても着る、ここがすごい。

芸能人みたいなお花の先生になる、歩く姿はゆりの花。

静かな時は特に静か、忍者になる。不思議な技を使う。

サバサバしているが、案外気分屋で波がある。

忍耐力があって仕事は真面目。早く帰りたい、行くところはない。

なんでかわからないけど人を引き付ける魅力がある。

慎重な性格だが、本当は心の広い騙されやすい人、明るい人かもしれません。

人と少し違うことをして目立つ。人が見ていると役者になる。

人が大勢いる所が好き。山の一人歩きはだめ。天狗がでる。

人のことは案外気にしない。自分の健康は気になる。

世間体もあまり気にならない。自分のことは気にしてほしい。

ニヒル、影の世界に憧れるスパイ、007。

ワッペンみたいな人、胸のポケットにいれて歩きたい。

チームではヒーローだが、いつもは地味でコツコツやる。人静かで真面目。

外ではアイドル、内では貧乏ゆすり。

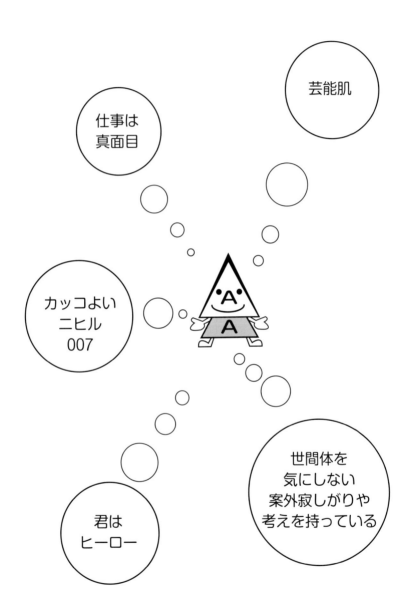

遺伝子型 AB 型のキャラクター

両親からＡの遺伝子とＢの遺伝子を１つずつ受け継いで生まれました。
ＡとＢの要素があるので、他人からはしばしば人が変わっているように思われる時があります。変わった人とみなされるかもしれません。
柔軟性にはやや欠けます。
外向性です。
甘えることも得意で、時には自分の殻にこもりたいとも考えます。
貴方にないものはＯの要素です。
ＯＯ型などの人は自分とは違っているので、色々な人と良好に付き合うには、Ｏの要素について知ることが大切になります。
ＯＯ型、ＯＡ型、ＯＢ型を良く観察してください。
彼らには彼らなりの規則に沿った行動をしているのです。
気付いてください。

あなたはＡとＢの二面性を生きていく宿命の人です。
上品でアイデアが豊富な方です。
自分では安定していると思いますが、周りからは変人とみられることが多いです。
外向性です。

あなたはＡとＢで生きていく宿命の人です。

●**上品で考えのある素敵な人です。**
●**安定型です。**
●**外向性です。**

AB 型はこんな人です

人と人を引き合わせて、仲を取り持つことに長けている。

大勢の人の短所長所見極めながら、その中で上手く自分を生かせていく。

ときどきブレーキが効かなくなり暴走することがある。止める相手が必要。

はしご酒で気が付いたら太陽が出てきた、出社時間。

普段はのんびりゆっくり寝だめ。

しっかり寝てエネルギーを貯めて、宴会で一人芝居。

弱い者を助ける正義のヒーロー。強い人には立ち向かう勇気がある。

怒って笑って、笑っておこる器用人。

テレビに話しかけて、弁当を食べて、音を立てて鼻をかんでくしゃみする。

宴会の席で誰が隣にきても、誰がいても興味がない。しっかり飲んで、しっかり食べていなくなる。合理的がモットー。

頭の回転は速いがときどきボロがでる。最後はボロボロになる。

本当に愛した人にはとことん好きなる。好きになられた人は大変。

面倒なことが嫌い、いざこざが嫌い。逃げるが勝ち。

平衡感覚があり評論家タイプ。自分の頭のハエが払えない。

人に時間を奪われたくない。自分の時間は大切。自分自身の会話で夢中です。

ときどき目がまわる、すぐに治る（人によって一つの防衛本能かも）。

静かでニコニコしていて、和服のキレイな人が好き。

ドライでロマンチックでワインが好き。カラオケも好き。控えめな私。
口はうるさいが暴力は振るわない、絶対に。
変な先入観を持っている。一度持ったら一生離れない。案外単純な人。
責任を持たされたらかなり困る。気が楽なのが一番です。
身も心もズタズタになるが、寝るとすぐに治る不思議。
貴方の言うことは絶対に間違いないです、でも少し…。
私は知識人です。先のことがわかります。私のことがわからないだけです。

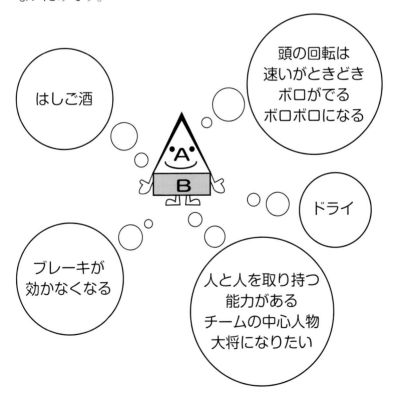

遺伝子型 BO 型のキャラクター

両親からBの遺伝子とOの遺伝子を1つずつ受け継いで生まれました。
BとOの要素があるので、他人からは時に人が変わっているように思われる時があります。
柔軟性にはやや欠けます。
B型の要素が多いので本能タイプです。
BO型の人は外向性です。
さばさばしています。本能で動き、気分屋の要素が含まれます。
貴方にないものはAの要素です。
ＡＡ型などの人は気が合わないかもしれませんが、色々な人と良好に付き合うには、Aの要素について知ることが大切になります。
ＯＡ型、ＡＯ型、ＡＡ型を良く観察してください。
彼らには彼らなりの規則に沿った行動をしているのです。
気付いてください。

あなたはBとOの二面性を生きていく宿命の人です。
性格はマイペースだが小心者。
他人からは性格にムラがあるように思われる時があります。
外向性です。

あなたはBとOで生きていく宿命の人です。

- **●Bの考えにOがどこまでついていけるかです。**
- **●不安定型です。**
- **●外向性です。**

BO型はこんな人です

BのマイペースにOがどこまでついていけるかです（自分のこと）。

ボケーとしていて何を考えているかわからない（考えてもたいしたことではない）。

考えているようで考えていない、考えてないようで考えているよう。

人を引き付ける変な魅力がある。母性本能をくすぐる。

大雑把（おおざっぱ）で時間守らない。時計を持ってない。

気分屋で理性があるようでない。居酒屋へ行くと何故か理性がなくなる。

職場では、いるのかいないのかわからないが、レクリエーション、ソフトボール大会、忘年会でのイベントでは恐ろしい力を発揮する。

マイクを持ったら離さない。彼女の手も離さない。

宴会で盛り上がっている時、空気をよまずに盛り下がる歌を唄う。だれも聞いてない。

性格は明るくてあっけらかん。オットセイ。

悩まなければいけないところを悩まないで、

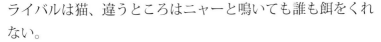

悩まないで良いところを悩む。

絶対してはいけないことをたまにする。

ライバルは猫、違うところはニャーと鳴いても誰も餌をくれない。

目立ちたがり屋で人と違うことを好む。インド衣装も興味ある。

人とペースを合わせられない。自分のペースにも合わせられない。ひっちゃかめっちゃか。

自分のペースにしてしまう。合わせてもらっているのに気がつかない。

明日は年に一度の忘年会、焼肉会でも入れ歯を必ず忘れます。スープだけ。

ソフトボール大会、自分一人で勝ち、自分一人で負ける。何なの。

人生はお金ではない愛だ。いまだに愛が欲しい。

酔って帰って、隣の家に入って困る。

お酒を飲むと、誰も聴いていないのに自分の全知識を永遠に話し出す。

最後は自分一人になる。話す人がいない。少し疲れた。帰る時ハクビシンがいた。

最近猫の顔が違うことに気が付いた。瞳がなんてきれいだ。明日も頑張ろう。

今日も税金の督促の通知がきた。なんて日本はしっかりしてるんだろう。涙が出てきた。

なぜお金が貯まらないのだろう、なぜ妻は最近夜遊びに行くのだろう。

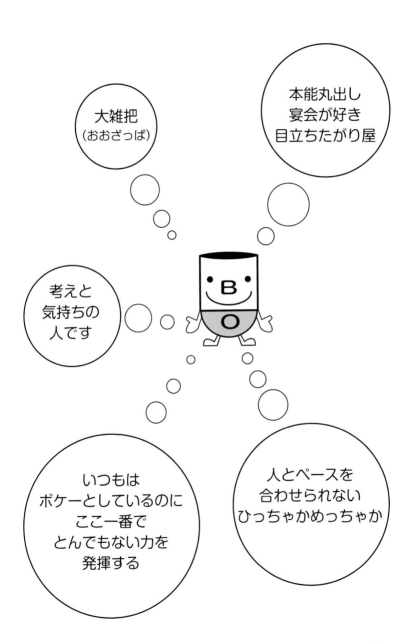

遺伝子型ＢＡ型のキャラクター

両親からＢの遺伝子とＡの遺伝子を１つずつ受け継いで生まれました。
ＡとＢの要素があるので、他人からはしばしば人が変わっているように思われる時があります。つまり変人とみなされるかもしれません。
柔軟性にはやや欠けます。
内向性です。
甘えることも得意で、時には自分の殻にこもりたいとも考えます。
Ｂ型要素である本能的な行動がＡ型要素である理性的な考え方を上回るので、最終決断は意外に本能的なもの、感情に左右されます。

貴方にないものはＯの要素です。
ＯＯ型などの人は自分とは違っているので、色々な人と良好に付き合うには、Ｏの要素について知ることが大切になります。
ＯＯ型、ＯＡ型、ＯＢ型を良く観察してください。
彼らには彼らなりの規則に沿った行動をしているのです。
気付いてください。

あなたはＡとＢの二面性を生きていく宿命の人です。
いつも本能と理性で葛藤しています。
自分では安定していると思いますが、周りからは変人とみられることが多いです。
内向性です。
日本では少ないタイプになります。

あなたはＢとＡで生きていく宿命の人です。

●いつも本性と理性で戦っている人です。
●安定型です。
●内向性です。

BA型はこんな人です

BA型は頭の回転が速いがすぐに疲れる。

宴会などの席でいつの間にか仕切っている。

宴会ではコミュニケーションをとり、楽しく皆と話を合わせます。ここでBA型のキャラクターが炸裂します。生まれながらに持っているエンターテイナーの心に火がつきます。もうとまらないです。

田舎のプレスリーになります。せっかくの宴会がハイジャックされます。

３、４日はかるく寝ていることができます。面倒なのでトイレにいかない。自分が一番好きみたいです。一人で踊ります。迷惑かけません。

今日の自分と明日の自分は変わっている。髪の形は一生変わらない。

わたあめのベタベタと人間のベタベタは嫌い。

孔雀とおなじで七色仮面。

人に合わせることができるが、自分に合わせられない。

テンションの起伏が激しくコントロールできないことがある。OO型しか止められない。

喧嘩、争いごとが嫌い、話せばわかる。

犬との散歩が好きです。犬は下を向いています。

自分の考えは間違っていない。討論に負けないが妻には負ける。

コツコツと一つ一つやるのが私の成功の秘訣です。

食べ物の恨みは怖いです。ずっと根にもっています。

空が飛べると思って屋根から3回落ちた。痛くなかったけどもうしない。

どうしても皆をまとめたい、皆のためになりたい、蚊帳の外はもういや。

カッコ良いヒーローが好き。弱い人を助けたい気持ちはあります。

あの人にもう一度逢いたい。旅先で見たあの人に逢いに行ったがいなかった。

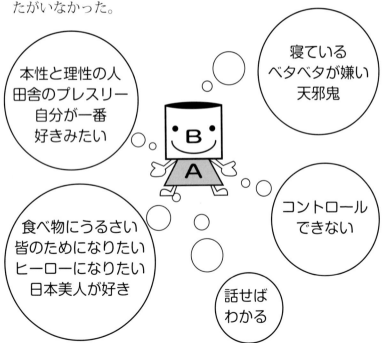

遺伝子型 BB 型のキャラクター

両親からＢの遺伝子とＢの遺伝子を１つずつ受け継いで生まれました。
Ｂの要素で構成されているので、性格や行動には基本一貫性があります。
相手に合わすより、合わせてもらえると助かるタイプです。
ＢＢ型の人は内向性でも外向性でもあり、家にいるのも外に出るのも特段変化はありません。
さばさばしています。本能で動き、気分屋の要素が含まれるのでいつの間にか敵を作る可能性が高いので注意しましょう。

貴方にないものはＡとＯの要素です。
ＡＡ型などの人は気が合わないかもしれませんが、色々な人と良好に付き合うには、Ａの要素について知ることが大切になります。
ＯＡ型、ＡＯ型、ＡＡ型を良く観察してください。
彼らには彼らなりの規則に沿った行動をしているのです。
気付いてください。

あなたはＢとＢの安定型を生きていく宿命の人です。

とことん考えて、考える人です。
安定型で行動に一貫性があります。
ぶれずに最短距離の結果を出します。

あなたはBとBで生きていく宿命の人です。

●考えて、考える人です。
●安定型です。
●あまりぶれない人です。

BB型はこんな人です

BB型も日本では少数派です。チャンスはいっぱいあります。
真面目な人です。
静かな人ですが議論が好きです。助けがあれば何でもします。
人間の内面、社会の内面、職場の内面で活躍します。
縁の下の力持ちです。わかっています。
明るく話す事が好き。あの人の前では本当に明るい。少し疲れる。
Aの性格に似ている。どうしてかわからない。
マイペースでなく勉強家。人に流されることもしばしば。
ちょっとした細かいところに深く悩む。優しいかも。
人前ではわいわい話す。気をつかってしまう。
チビチビ飲みながら朝まで討論する。これが健康の秘訣。
考えても考えても、考えがまとまらない。
凝り性でオタク気質で、はまるとすごい。
真実を求めても真実がわからない。
自分がコツコツ貯めたヘソクリ、どこにあるのか皆知ってます。
自分が知らない自分の事が、他人の人はわかります。不思議

なことです。
私は期待されてます。頑張ります。
いつも思っていることを言って下さい。え、何ですか？
〔仕事が出来すぎて困ってます〕え、聞こえないです。
貴方は二宮金次郎を超えたかもしれません。
日本に生まれて良かったです。努力次第で一番になれます。
頼りにしています。やっぱり貴方がいなくては会社は回りません。
飲み屋街の奥の又その先の左を曲がった、誰もわからないところに貴方はいます。
サングラスをしてマスクをして絶対にわからないようにしているようですが、夜だと目立ちます。
疲れたでしょう、嫌になったでしょう、静かな温泉に行きたいですよね。
貴方の成功の秘訣は、静かにして、無口にしているのが良いとおもいます。
でも貴方は正義感の強い人です。頑張って下さい。口では負けないと思います。

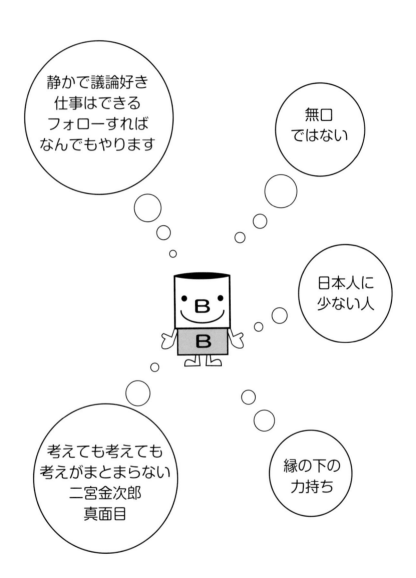

相性とは、
相性について

相性とは、
自分の持っている遺伝子型と
相手の持っている遺伝子型で決まります。

相性について
遺伝子型の輪の中で一番遠く離れている人。
左（A）、右（B）で正反対の人。
上（OO族）、下（AB族）で（正反対）の人。

お互いに成長しようと向上心があれば、一番遠く離れている人をお勧めします。
若い時はそちらの方が良いのかもしれません。

しかし、てっとり早く一緒にいて安心感が欲しい場合は自分と同じ血液型や、自分と共通の遺伝型を保有している人をお勧めします。しかし、同族嫌悪ではないですが、自分の欠点を相手に見る事があります。怒りたい気持ちを抑えて、相手の欠点を自分の欠点のように認め、どうしたらその欠点を補えるかをお互いに話し合えたら素晴らしいと思います。それをふまえて次項を読んでください。

○○型の人柄とフィーリング

○○型と一番共通点がないのが、ＡＢ型とＢＡ型の人です。
実は○○型には２タイプあります。
（しかしそこまで意識しなくても大丈夫です）
ＡよりのＯＯ型、ＢよりのＯＯ型
もし親が、Ａ型同士でＯ型が生まれた場合、あなたはＡ型よりのＯ型になります。
しかし、Ａ型とＢ型で生まれた場合、Ａ型よりのＯ型とＢ型よりのＯ型の両方の場合がありますから、注意が必要です。
もし気になる場合は、この本の36ページのチェックシートを参考にして下さい。
話を戻しますが、○○型にとってＡＢ型とＢＡ型は自分にないものを沢山持っています。
ですから、お付き合いをすることはとても刺激的なものになります。
安心感より常に変化を楽しむ事ができます。
一緒に付き合っていてもお互いに寂しくなることを感じる事がありますが、自分も相手の事を考えて成長していきましょう。
私なら若い子には、○○型の人にはＡＢ型やＢＡ型と付き合うようにアドバイスします。
なぜなら自分にないものを早くに知る事は大切だからです。
しかし、歳をとると成長よりも安心感が欲しいものです。ですからその場合は○○型が一番安心します。

ＯＡ型の人柄とフィーリング

ＯＡ型と一番共通点がない(一番遠い)人は、ＢＢ型の人です。
貴方が、ＯＡ型なのかＡＯ型なのか気になる場合は、この本の36ページのチェックシートを参考にして下さい。
話を戻しますが、ＯＡ型にとってＢＢ型は自分にないものを沢山持っています。
(もしくはＢＯ型やＯＢ型)
ですから、お付き合いをすることはとても刺激的なものになります。
安心感より常に変化を楽しめる事ができます。
一緒に付き合っていてもお互いに寂しくなることを感じる事がありますが、自分も相手の事を考えて成長していければこれほど相性の良い人はいません。
若い子は、積極的にＢＢ型などの血液型の人と付き合うようにしましょう。
なぜなら自分にないものを早くに知る事は大切だからです。
しかし、歳をとると成長よりも安心感が欲しいものです。ですからその場合はＯＡ型もしくはＡＯ型といると一番安心します。(ＯＯ型も良いです)

ＯＢ型の人柄とフィーリング

ＯＢ型と一番共通点がない（一番遠い）人は、ＡＡ型の人です。貴方が、ＯＢ型なのかＢＯ型なのか気になる場合は、この本の 36 ページのチェックシートを参考にして下さい。
話を戻しますが、ＯＢ型にとってＡＡ型は自分にないものを沢山持っています。
（もしくはＡＯ型やＡＢ型やＯＡ型）
ですから、お付き合いをすることはとても刺激的なものになります。
安心感より常に変化を楽しめる事ができます。
一緒に付き合っていてもお互いに寂しくなることを感じる事がありますが、自分も相手の事を考えて成長していければ、これほど相性の良い人はいません。
若い子は、積極的にＡＡ型（もしくはＡＯ型やＡＢ型やＯＡ型）の血液型の人と付き合うようにしましょう。
なぜなら自分にないものを早くに知る事は大切だからです。
しかし、歳をとると成長よりも安心感が欲しいものです。ですからその場合はＯＢ型もしくはＢＯ型といると一番安心します。（ＯＯ型も良いです）

AO 型の人柄とフィーリング

ＡＯ型と一番共通点がない（一番遠い）人は、ＢＢ型やＢＯ型の人です。
貴方が、ＯＡ型なのかＡＯ型なのか気になる場合は、この本の36ページのチェックシートを参考にして下さい。
話を戻しますが、ＡＯ型にとってＢＢ型やＢＯ型は自分にないものを沢山持っています。
（もしくはＯＢ型）
ですから、お付き合いをすることはとても刺激的なものになります。
安心感より常に変化を楽しめる事ができます。
一緒に付き合っていてもお互いに寂しくなることを感じる事がありますが、自分も相手の事を考えて成長していければ、これほど相性の良い人はいません。
若い子は、積極的にＢＢ型（もしくはＢＯ型やＯＢ型）の血液型の人と付き合うようにしましょう。
なぜなら自分にないものを早くに知る事は大切だからです。
しかし、歳をとると成長よりも安心感が欲しいものです。ですからその場合はＡＯ型もしくはＯＡ型といると一番安心します。（ＯＯ型も良いです）

ＡＡ型の人柄とフィーリング

　ＡＡ型と一番共通点がない（一番遠い）人は、ＯＢ型やＢＯ型です。（ＢＢ型も遠いです）

　ＡＡ型にとってＯＢ型やＢＯ型は自分にないものを沢山持っています。

　ですから、お付き合いをすることはとても刺激的なものになります。

　安心感より常に変化を楽しめる事ができます。

　一緒に付き合っていてもお互いに寂しくなることを感じる事がありますが、自分も相手の事を考えて成長していければ、これほど相性の良い人はいません。

　特にＡＡ型の性格の傾向からして、かなり一貫しているように感じられる事が多いので、自分と離れている血液型の人と話し合ったとしても、一部合わないところが出てくる可能性が高いです。思いやりがない傾向がありますので注意してください。

　若い子は、積極的にＯＢ型もしくはＢＯ型やＢＢ型の血液型の人と付き合うようにしましょう。

　なぜなら自分にないものを早くに知る事は大切だからです。

　しかし、歳をとると成長よりも安心感が欲しいものです。ですからその場合はＡＡ型もしくはＡＯ型とい

ると一番安心します。

　ＯＯ型との相性は中間です。

AB型の人柄とフィーリング

ＡＢ型と一番共通点がない（一番遠い）人は、ＯＯ型です。
（ＯＡ型もＯＢ型も遠いです）
ＡＢ型にとってＯＯ型は特に自分にないものを沢山持っています。
ですから、お付き合いをすることはとても刺激的なものになります。
安心感より常に変化を楽しめる事ができます。
一緒に付き合っていてもお互いに寂しくなることを感じる事がありますが、自分も相手の事を考えて成長していければ、これほど相性の良い人はいません。
若い子は、積極的にＯＯ型の人と付き合うようにしましょう。
なぜなら自分にないものを早くに知る事は大切だからです。
しかし、歳をとると成長よりも安心感が欲しいものです。ですからその場合はＡＢ型といると一番楽です。

ＢＯ型の人柄とフィーリング

ＢＯ型と一番共通点がない（一番遠い）人は、ＡＡ型やＡＯ型の人です。
貴方が、ＯＢ型なのかＢＯ型なのか気になる場合は、この本の36ページのチェックシートを参考にして下さい。
話を戻しますが、ＢＯ型にとってＡＡ型やＡＯ型は自分にないものを沢山持っています。
（もしくはＯＡ型）
ですから、お付き合いをすることはとても刺激的なものになります。
安心感より常に変化を楽しめる事ができます。
一緒に付き合っていてもお互いに寂しくなることを感じる事がありますが、自分も相手の事を考えて成長していければ、これほど相性の良い人はいません。
若い子は、積極的にＡＡ型（もしくはＡＯ型やＯＡ型）の血液型の人と付き合うようにしましょう。
なぜなら自分にないものを早くに知る事は大切だからです。
しかし、歳をとると成長よりも安心感が欲しいものです。ですからその場合はＢＯ型もしくはＯＢ型といると
一番安心します。（ＯＯ型も良いです）

BA型の人柄とフィーリング

ＢＡ型は日本では少ないタイプになります。
ＢＡ型と一番共通点がない（一番遠い）人は、ＯＯ型です。
（ＯＡ型もＯＢ型も遠いです）
ＢＡ型にとってＯＯ型は特に自分にないものを沢山持っています。
ですから、お付き合いをすることはとても刺激的なものになります。
安心感より常に変化を楽しめる事ができます。
一緒に付き合っていてもお互いに寂しくなることを感じる事がありますが、自分も相手の事を考えて成長していければ、これほど相性の良い人はいません。
若い子は、積極的にＯＯ型の人と付き合うようにしましょう。
なぜなら自分にないものを早くに知る事は大切だからです。
しかし、歳をとると成長よりも安心感が欲しいものです。ですからその場合はＢＡ型といると一番楽です。

BB型の人柄とフィーリング

ＢＢ型と一番共通点がない（一番遠い）人は、ＯＡ型やＡＯ型です。（ＡＡ型も遠いです）
ＢＢ型にとってＯＡ型やＡＯ型は自分にないものを沢山持っています。
ですから、お付き合いをすることはとても刺激的なものになります。
安心感より常に変化を楽しめる事ができます。
一緒に付き合っていてもお互いに寂しくなることを感じる事がありますが、自分も相手の事を考えて成長していければ、これほど相性の良い人はいません。
特にＢＢ型の性格の傾向からして、かなり一貫しているように感じられる事が多いので、自分と離れている血液型の人と話し合ったとしても、一部合わないところが出てくる可能性が高いです。
若い子は、積極的にＯＡ型もしくはＡＯ型やＡＡ型の血液型の人と付き合うようにしましょう。
なぜなら自分にないものを早くに知る事は大切だからです。
しかし、歳をとると成長よりも安心感が欲しいものです。ですからその場合はＢＢ型もしくはＢＯ型といると一番安心します。
ＯＯ型との相性は中間をとります。

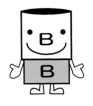

9タイプの運命的な人

性格、性質は変わることはできます。

遺伝子は変わることはできません。

持って生まれた血液型は原則として一生変わる事はありません。
つまりＡＯ型がＯＡ型になることは原則ありません。
環境の変化で性格は変わることがありますが、血液型で決まる性格には傾向性があります。

血液型による分析はこの一生変化しないもので判断しています。

相性は、本人同士が一番わかっているものかもしれません。
人に色々と言われる筋合いではないのかもしれません。
好きな人は好きだし、嫌いな人もいます。
気が合うか合わないかで、好きか嫌いかを判断するかもしれません。
ただし、その場合は気を付けた方が良いかもしれません。

それはすぐに気が合う人は、自分と似ているところがあるという事です。
ですから少し、心を広くしてください。
長い目で見た場合の相性も考えてみてください。
貴方が努力できるタイプなら、一見相性の悪い人の方が成長が望める可能性が高いです。

つまりあなたは何を大切にするのかを考えてみてください。
安心感を与える人か常に刺激をくれる人か。
どちらでもきっと楽しいとは思いますが。

遺伝子型による血液型では、
左右にA型よりとB型よりの反対に分かれます。
(お互いに助け合って協力していく相手です。)

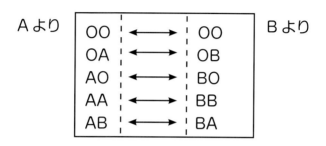

遺伝子型による血液型では、
上下にOO族とAB族の反対に分かれます。
この2つが合わされば、怖いものはありません。

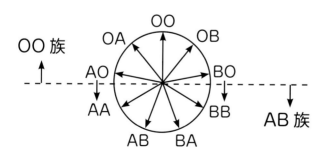

色々な人といつまでも長く仲良くできるためには自分が持っている遺伝子型、相手の人が持っている遺伝子型の事を知らなければなりません。

遺伝子型では、Ａよりの遺伝子型とＢよりの遺伝子型に分かれます。
左右で反対になるＡよりとＢよりの人はいがみ合っていないでお互いに協力して助け合って行きなさいと言うメッセージのようにとれます。

上下で反対になるＯＯ族とＡＢ族の人は、気質が違います。才能が違います。ＯＯ族の人が多くなっても、ＡＢ族の人が多くなっても困ると思います。何よりも大切なことは社会のバランス、人間のバランスだと思います。お互いの気質を認め合って、長く仲良く楽しく生きていきなさいと言うメッセージなのかもしれません。

もちろん好みの相性については、本人同士のことであります。相手の人が何型であろうと関係はありません。何型と何型でも長く仲良くしてくれる事を願っています。
相性とは考え方の違いです。
遺伝子型による血液型９タイプでは、こんな考え方もあるんだなと何かの参考にしてくだされば有り難いと思っています。

人間の組み合わせは、
全部で 45 パターンあります。
45 組の素晴らしい相性の
カップルを紹介します。

相性は全部で 45 パターンあります

遺伝子型と遺伝子型による相性は 45 組の素晴らしい
カップルが発生します。

OO － OO	OO － OA	OO － OB	
OO － AO	OO － AA	OO － AB	
OO － BO	OO － BA	OO － BB	
OA － OA	OA － OB	OA － AO	OA － AA
OA － AB	OA － BO	OA － BA	OA － BB
OB － OB	OB － AO	OB － AA	OB － AB
OB － BO	OB － BA	OB － BB	
AO － AO	AO － AA	AO － AB	
AO － BO	AO － BA	AO － BB	
AA － AA	AA － AB	AA － BO	AA － BA
AA － BB			
AB － AB	AB － BO	AB － BA	AB － BB
BO － BO	BO － BA	BO － BB	
BA － BA	BA － BB		
BB － BB			

以上の 45 組になります。

45組のカップルから

生まれてくる

子供の血液型（遺伝子型）は9タイプです。

45 パターンの組み合わせから
　　　生まれてくる子供の遺伝子型

OO × OO　（OO）

OO × OA　（OO、OA、AO）

OO × OB　（OO、OB、BO）

OO × AO　（OO、OA、AO）

OO × AA　（OA、AO）

OO × AB　（OA、OB、AO、BO）

OO × BO　（OB、OO、BO）

OO × BA　（OB、OA、BO、AO）

OO × BB　（OB、BO）

OA × OA　（OO、OA、AO、AA）

OA × OB　（OO、OB、AO、AB、OA、BO、BA）

OA × AO　（OA、OO、AA、AO）

OA × AA　（OA、AA、AO）

OA × AB　（OA、OB、AA、AB、AO、BO、BA）

OA × BO　（OB、OO、AB、AO、BO、BA、OA）

OA × BA　（OB、OA、AB、AA、BO、BA、AO）

OA × BB　（OB、AB、BO、BA）

45 パターンの組合せから生まれてくる子供の血液型

OB × OB （OO、OB、BO、BB）
OB × AO （OA、OO、BA、BO、AO、AB、OB）
OB × AA （OA、BA、AO、AB）
OB × AB （OA、OB、BA、BB、AO、AB、BO）
OB × BO （OB、OO、BB、BO）
OB × BA （OB、OA、BB、BA、BO、AO、AB）
OB × BB （OB、BB、BO）

AO × AO （AA、AO、OA、OO）
AO × AA （AA、OA、AO）
AO × AB （AA、AB、OA、OB、AO、BA、BO）
AO × BO （AB、AO、OB、OO、BA、BO、OA）
AO × BA （AB、AA、OB、OA、BA、BO、AO）
AO × BB （AB、OB、BA、BO）

45 パターンの組合せから生まれてくる子供の血液型

AA × AA　（AA）
AA × AB　（AA、AB、BA）
AA × BO　（AB、AO、BA、OA）
AA × BA　（AB、AA、BA）
AA × BB　（AB、BA）

AB × AB　（AA、AB、BA、BB）
AB × BO　（AB、AO、BA、BB、OA、OB、BO）
AB × BA　（AB、AA、BB、BA）
AB × BB　（AB、BA、BB）

BO × BO　（BB、BO、OB、OO）
BO × BA　（BB、BA、OB、OA、BO、AB、AO）
BO × BB　（BB、OB、BO）

BA × BA　（BB、BA、AB、AA）
BA × BB　（BB、AB、BA）
BB × BB　（BB）

45 組のカップルの
　　チャーミングポイント

OO　♡　OO（二人は互角、両雄並び立たず）
好きも嫌いも紙一重、喧嘩しても離れません。
OO　♡　OA（OO がリード、家では OA が主導）
あなたにそっと寄り添います。
OO　♡　OB（外では OB、内では OO が主役）
明るい二人、何があっても負けません。
OO　♡　AO（外向性になったり内向性になったり）
家庭的な二人、結婚して幸せになります。
OO　♡　AA（主導権の取り合い）
頼もしい人、可愛い人、何も言うことはありません。
OO　♡　AB（喧嘩して仲良くして最高）
無邪気な妖精、才色兼備なジェントルマン。
OO　♡　BO（交互に主導権、しかし BO が少しリード）
心があたたかい二人です。何をしても幸せです。
OO　♡　BA（抜群のバランス）
話し合えば話し合うほど分かり合えます。
OO　♡　BB（あるときは殿様、あるときはお姫様）
私に足りない事があったら何でも言ってください。

45組のカップルのチャーミングポイント

OA　♡　OA（世話を焼いたり焼かれたり）
あなたが一番気楽、あなたが一番安心、あなたが一番誠実。
OA　♡　OB（ロミオとジュリエット）
愛して愛して愛しぬきます。
働いて働いて働きぬきます。
OA　♡　AO（素晴しいバランス感覚）
イケメンで誠実な笑顔、シャイで真面目です。
OA　♡　AA（引っ張るOA、守るAA）
家庭的な二人、二人で家を守ります。
OA　♡　AB（真面目なお話を）
ゴージャスな船での世界旅行がお似合いです。
OA　♡　BO（仲の良い、ハブとマングース）
ちぐはぐな二人は世界で一番お似合いの恋人です。
OA　♡　BA（頑張るOA、助けに入るBA）
幸せを求め過ぎず、ゆっくりゆっくりです。
OA　♡　BB（天下無敵の名コンビ）
一目惚れ。

45組のカップルのチャーミングポイント

OB　♡　OB（同じ目標を突き進め）
日本一幸せで楽しく愉快なカップルはあなた達のことです。

OB　♡　AO（時によって龍と虎、彦星と織姫）
一度結婚しなくては二人の良いところはわからないでしょうね。

OB　♡　AA（不思議な国のお菓子の御殿）
好きで好きでたまらないです。好きにしてください。

OB　♡　AB（地球は狭いです。宇宙の話しをしましょう）
可愛くてしょうがない、一生面倒見てください。

OB　♡　BO（夢と現実、現実と夢）
嫌いになる原因が見当たらない。
1000年に一度の恋です。

OB　♡　BA（ち密なコンビ、たまにはお酒を）
知的な妖精と電卓をもったジェントルマン

OB　♡　BB（BBが２歩リードして幸せ）
誰もいない静かな南国の孤島が２人におすすめです。

45 組のカップルのチャーミングポイント

AO　♡　AO（家庭ではライバル。負けられない）
職場で家庭で最強のカップル、欠けているものはない。

AO　♡　AA（AO が少しリード、AA が少ししっかり）
AO はおおらか。AA とはしっかりコンビ。

AO　♡　AB（ささやかな主導権争い）
いつも話しが絶えない、話題がいっぱいの二人。
AB が引っ張る。

AO　♡　BO（戦争と平和どっちを選ぶ？）
目と目で見つめて静かにコミュニケーション。
何か感じるでしょ。

AO　♡　BA（学者と教授のコーヒータイム）
上品な AO、学識ある BA。レベルの高い恋愛です。

AO　♡　BB（はっきり言う。10cm AO がリード）
惹かれあっている二人。なかなか糸口が…
もう少し積極的に。

45組のカップルのチャーミングポイント

AA　♡　AA（2人とも自立しているように見えます）
カッコよくてエレガントな二人。みんなの鏡です。
AA　♡　AB（私が守りの役目です。支え合うことが
大切です）
あなたがいたから頑張れました。
これからもそばにいてください。
AA　♡　BO（世間から見ても素晴しい夫婦）
私についてきてください。簡単なことよ。
AA　♡　BA（見た目は同じ）
やっと会えました。頼りになるあなたです。
AA　♡　BB（はっけよい残った。引き分け）
話しができるだけで倒れそうです。
あなたは宇宙人ですか。

45 組のカップルのチャーミングポイント

AB　♡　AB（いろいろ言わないで私の話を聞きなさい、はい）

家庭的で知的で話し好き。不思議な世界を演出してください。

AB　♡　BO（どこかと、どこかで繋がっているようです）

助けあってください。優しくしてください。

必ず幸せになれます。

AB　♡　BA（現代のジュリエットとロミオです）

弱そうで強い二人です。絶対に幸せになれます。

AB　♡　BB（鼻の先一つ AB がリード）

甘え過ぎないで、頼り過ぎないで、いつまでも仲良しで。

45組のカップルのチャーミングポイント

BO　♡　BO（ふたりの愛は静かに燃えます）
二人は同じ考え気持ちを持っています。
合わないはずはありません。
BO　♡　BA（初めて知った優しさです）
BAの温かい言葉で励まされます。
明日も仕事頑張ろう！
BO　♡　BB（私達の愛は地球を回します）
二人の働く姿には心が打たれます。
息抜きも必要です。
BA　♡　BA（私の考えをお菓子を食べながら聞いて
ください）
仕事も一番、家庭も一番です。
ロマンチックな2人です。演出が大切です。
BA　♡　BB（才能豊かな漫才師、違う博士）
仕事熱心なBB。温かい家庭が待っています。
今日のおかずを楽しみに。
BB　♡　BB（全てを知っている夫婦善哉です）
素晴らしい考えを持った二人です。
独特の世界を持っています。

人間もグー、チョキ、パー、
　と考えるとうまくいく場合がある

ビジネスの世界についてシンプルに考えてみましょう。

血液型は述べて来た通り、9タイプありますが、世間一般的な血液型のタイプであるＡ型、Ｂ型、Ｏ型について考えてみます。

Ａ型をチョキ、Ｂ型をグー、Ｏ型をパーと考えてみます。

チョキとパーならチョキが勝ちます。

じゃんけんの世界なら、パーは絶対にチョキに勝つことはできません。

しかし、チョキとパーとグーがいれば、ずっと引き分けで誰も得はしないが損もしません。三人でいることで、ちょうど強さが均衡するのです。

もし仲間内で喧嘩するようなことがあればバランスのとれた三人がいれば大丈夫です。比較的スムーズにまとまります。

では取引先や仕事先で苦手な人がいるとしましょう。

この場合どうしましょうか？

もし貴方がグーなら、貴方の苦手な人はパーになります。

しかし、パーに勝てるチョキの人に代わりにお願いすれば良いのです。

その代わりチョキの苦手なグーの人が来たら、グーである貴方が対応すればいいのです。

意外にシンプルだと思いませんか？

遺伝子の不思議
　　遺伝子は知ってます

Aタイプ
10年も付き合っていた二人が別れたんだって。
ふ〜ん。
どうして別れたの？
なんとなく合わなかったみたいだって。
ふ〜ん。

Bタイプ
絶対に結婚はしないと思った二人が結婚したってさ。
ふ〜ん。
どうして結婚したのかね？喧嘩してなかった？
なんだかんだ相性が合ったみたいだよ。
ふ〜ん。喧嘩するほど仲が良かったのかなぁ…。

こういう話を身近で聞いたことがある人も多いと思います。
今まで述べてきましたが、合う人とも喧嘩をする事があります。
合わない人とも、自分には持っていない刺激的なところがあります。
つまり、どちらが良くてどちらかが悪いかはなかなか決められないところがあります。
ですから、人と付き合う時、最初の印象で合う合わないで決

めると将来に後悔する事になります。
一緒にいて安心できるか、それとも刺激的な人なのか、自分は安定志向なのか、それとも常に新しい成長を目指したいのか考えてください。
もちろんあなたの努力次第では、両方バランス良く得る事ができます。
そのため血液型の相性の仕組みについて知るために、この本を読み終わったらもう一度読み直してください。

あなたらしく行動するためには、
　自分の遺伝子に任せましょう

貴方が本当に迷った時、貴方らしく後悔せず行動するためにはどうしたら良いでしょうか？

例えば、誰かから好きになられた場合があったとします。付き合うか迷った時はどうしましょうか？

今まで書いた通り相性っていうのは合うか合わないかで決めてはいけません。もう一つアドバイスをしましょう。

貴方が好きならば、相手のステータス（社会的地位など）を無視して付き合っていいと思います。

では人生の大きな決断を迫られた時どうしたら良いでしょうか？

他人のアドバイスは参考にはなりますが、その通り行動すると他人の人生を生きてしまう可能性があります。結局他人の人生を生きると後悔することが多いので気を付けてください。ですから自分でしっかりと決めた方が良いです。

こういう時に後悔をしない方法は、自分の遺伝子に任せてみましょう。

遺伝子に任せるとはどういうことでしょうか？頭で考えてはいけません。

想像してみて自分の感情がわくわくするのが得られたら、きっと貴方にとって後悔がない決断になります。

逆にあまりわくわくしなかったり、不安で胸が詰まる思いを感じたら、貴方にとってそれは後悔のある決断になります。

貴方らしく生きるとは、貴方にとって一番相性の良い生き方でもあるのです。

人間はすべて同じ条件です

あの人はいいなぁ。

明るくて性格も良いから人気者でうらやましい。

おまけに努力家で頭も良いときたら完璧だなぁ。

私も社交的になって、沢山の人と仲良くできたらなぁ。

こう思ったことがあるでしょう。

しかし、人間はみんな同じ条件です。

貴方も他の人からは、必ずどこかしら良いと思われているところがあります。

貴方が、もし一人でいる事が好きなら、他人から落ち着いている人と思われたりすることが多いはずです。多くの人と仲良くできなくても、きっと友達でも親でも深く繋がった人がいるはずです。広く浅くよりも、狭く深いかもしれません。

それぞれの血液型でも説明したように、あなたにとって一番遠い人は、性格的に貴方にないものを持っています。持っていないものは当然憧れます。

子供が隣の子供のおもちゃをみて、うらやましがるのと同じです。

あなたにも必ずみんなから憧れるおもちゃを持っています。

それを大切にした方がよっぽど素晴らしい事なのです。

一つの繋がりから広がっていく輪

遺伝子の繋がりは本人同士はともかく、いろんなところに波及していきます。相手の人の友達、家族、親戚関係、職場仲間、遊び仲間と限りなく広がっていきます。そしてやがては大きな花を咲かせることになります。
改めて繋がりの大切さ、不思議さに驚くことになります。
一つの繋がりが何百、何千と繋がっては切れて、切れては繋がって私達は協力して助け合って生きてます。
大切なことは、人はその繋がりの中で誰とでも仲良くできるということです。
たくさんの繋がりを持って、その人の良いところを吸収して自分にいかせていくことが、大きな発展に繋がっていきます。

攻めの遺伝子が疲れたとき
　　リスクに注意

一人の人間には、２つの遺伝子の組み合わせで血液型が決まります。

それぞれ攻めと守りで役割が別れています。

ＯＡ型を例にしますと、攻めがＯ型、守りがＡ型になります。外に出るとＯ型がメインですが、家だとＡ型が目立つようになります。ただし、ストレスをためたりして疲労をしてくると、外にいてもＯ型よりもＡ型がメインで働くことがあります。つまり普段のあなたとは人が変わったように周りに見られます。

自分でもその事を自覚できます。実はこの時に身体を壊しやすくなります。

また精神的にも疲労しているサインですので、ゆっくり休むことが大切です。これは不安定型のＯＡ型やＡＯ型、ＯＢ型、ＢＯ型に当てはまります。

ＯＯ型やＡＡ型、ＢＢ型などの安定型は、疲れていても変化は見られません。

ですから、精神的に大丈夫でも身体がついてこない事や、身体が大丈夫でもいつの間にか精神的に病むことがあります。

自分では気づかないので、周りのアドバイスをしっかり聞いて下さい。後悔先に立たずです。

しかしＡＢ型とＢＡ型は基本的にそのバランスが常に不安定なのが正常になります。ですからもともと猫みたいに気分屋が多いと言われる理由になります。

（本人は自覚していない人が多いです）

いつも励ましてくれた
　もう一人の自分に

貴方は自分自身の中の切ない声を聴いたことがありますか？
貴方が絶望の底にあった時の声です。
「あともう少し頑張れ‼」
「しょうがないよ」
「自分に負けるなよ」
「もう十分頑張ったよ」
「くよくよするなよ」
「時には弱音をはいて良いんだよ」
前項で説明しましたが、攻めと守りが特に不安定になった状況です。
例えば42㎞走るフルマラソンの選手や最高峰の山に挑むクライマーが多く経験します。
自分の中のもう一人の自分が話しかけます。
つまり、自分の中には常にもう一人の自分がいると思って下さい。
血液型が不安定型の人（ＯＡ型、ＡＯ型、ＯＢ型、ＢＯ型、）は全く別の自分がいると思って下さい。
勿論、安定型の人（ＯＯ型、ＡＡ型、ＢＢ型）も、もう一人の自分がいますが、少しわかりづらいかもしれません。
しかしＡＢ型とＢＡ型は限界状況じゃなくても、無意識レベルでもう一人の自分があらわれています。

つまり、人は一人であっても孤独ではありません。
なぜならあなたの中には、母親からもらった遺伝子の自分と、
父親からもらったもう一人の自分がいるからです。

あなたらしい生き方は他の人の生き方とは違うものです。
あなたが両親からもらった遺伝子を大切にしてください。

貴方の中の遺伝子が素晴らしい人生をきっと導いてくれます。
貴方は選択して自分の遺伝子型を決めたのです。

また遺伝子は過去の事や未来の事はあまり考えていないようです。
今の幸せを考えるようです。

もう一度言います。
自分の遺伝子型は自分が選んで生まれて来ました。

本能的な感情の好き嫌いを決めるのも遺伝子です。

特別な人なんていないと思います。
貴方と似てないから特別と思うだけです。
宇宙人は別だけど。

またあなたを認めてくれる人は、繋がりのある「他人」です。
貴方も沢山の人を認めてあげてください。

今までの血液型の分析について

今までのＡＢＯ式血液型では、Ａ型は真面目で誠実。Ｂ型は
マイペース。Ｏ型はストレートでプラス思考。ＡＢ型は猫み
たいにキャラが変わる。と言われています。

しかし、そもそもどうしてこうなるかはわかっていません。
持っている物質が違うからと言えばそれまでですけど、きっ
と真面目で誠実であることや、マイペースであることや、プ
ラス思考であることが人類の進化にとって都合が良かったの
かもしれません。

（ＡＢ型はもちろんＡ型とＢ型を併せ持つために、両方の性
質を持っています）

それをふまえて、またそれぞれの血液型の性格の傾向より、
私なりの仮説をたててみたいと思います。

今の現状を少しでも良くしようと努力しているのがＡＯ型、
ＯＡ型です。

つまり農耕型に似ています。

今の生活よりも良い場所があるかと探し回っているのがＢＯ
型やＯＢ型です。

つまり定住するのにいいところを探し回っています。新規開
拓者です。

ＯＯ型は今の現状は良いのか、それとも別の場所の方が良い
のかを決めます。

実際に行動に出すかどうかは別です。

つまり、農耕型にもなり、開拓者にもなる可能性を秘めてい
ます。

ＡＢ型はどっちが良いのか実際に見てから決めようとします。やっぱり冷静沈着です。

落ち着いてから総合的に利益がでる方を選択できます。つまり総合的利益の洗練化や最適化が得意なのです。

ここまでを考えると、ハーバード大学の先生が言ったみたいに、（42ページ参照）人類はО型から生まれてＡ型、Ｂ型と分岐してきたことに納得できます。

相性って難しい。
二人でいると合わない人でも、
三人でいると最高の組み合わせになるから。

すぐに気が合う人に出会えた事は幸せだ。
しかし長く付き合う事を考えると、少し危険だ。
相手にも自分にも甘えないことが大切だ。

なが〜く仲良くできる…人って、
半分好きで、半分嫌いな人だと思わない。
どうして…
だって…
全部が好きになれないけれど、
全部が嫌いになれないから…!?

あとがき

　人を想うことは何とも言えない感情が溢れ出てきます。

　過去の人、別れた人、そしてこれから出会う人、今付き合っている人、優しかった人、面白かった人、励ましてくれた人、その中でも一番忘れられない人は誰だったのでしょうか？

　初恋の人ですか？違っていたらごめんなさい。え、お母さんですか？お父さんですか？

　私は三歳の時に病気で母親を亡くしました。顔も覚えていません。会話したことも覚えていません。気が付いた時にはいませんでした。始めから私には、僕には、お母さんはないものだと思っていました。

　ある時に、私の何気ない行動や振る舞いが、私の母にそっくりだと父が教えてくれました。その時にどうして私は母親の事が知らないのに、良く振る舞いや性格が似てるって言われるのは疑問に思いました。それが、私が遺伝子とか血液型の構成に興味を持った理由です。

　良く考えれば、私の遺伝子の半分は（遺伝子的に）母親の遺伝子を引き継いでいるので性格的にも似るのは当たり前の事です。ある哲学者が言った通り性格は環境だけではなく遺伝も関わるからです。

　私は母親の事は知らなかったのですが、私自身を知る事で母親の事を想像できました。母を知りたくて自分の事を知るように努力したのです。なにか思うたびに母親もこういう気持ちだったのかなと想像して、母と二人の物語の中で楽しく生きてこられました。あなたも二人で生きていることを忘れないでください。

　最近読んだ本に、ギリシャ神話のことが書いてありました。古代の最初の人間は、今の人間二人が背中合わせにくっつい

ていたそうです。

　男と男、男と女、女と女の組み合わせの三種類の人間がいたそうです。

　私はこれを読んでびっくりしました。

　二人で一人のあなたを構成しているところは全く同じ考えだからです。

　ここまで読んできて、あなたにとっての宝物はあなたと気が合わない人が持っている事はもう理解できたと思います。またあなたの本当の血液型を知るきっかけになったと思います。（血液型は９タイプです）

　読むにあたって遺伝子とかの言葉を使った事でうんざりした思いをした方もいると思います。またわかりにくい文章で誠にすみませんでした。

　しかし、人間関係で悩んでいる時に、この本を参考にしてくだされば嬉しく思います。

　最後に、こんな私を励ましてくれました出版社の方、そして本を出してみたいと言ったとき、賛成してくれた妻や協力してくれたすべての人々に感謝し、お礼を申し上げます。

　ありがとうございました。

なが～く、仲良くできる
どうしても幸せになりたい
9タイプの血液型（遺伝子型）による相性

2019 年 7 月 20 日　初版発行

著　者　服部　　治

　　　　Ｅメール　oce64956385236t@au.com

発　行　信毎書籍出版センター
　　　　〒 381- 0037　長野市西和田 1 丁目 30 番 3 号
　　　　電話　026-243-2105
　　　　FAX　026-243-3494

印　刷　信毎書籍印刷株式会社

ⓒ Osamu Hattori 2019 Printed in Japan
ISBN978-4-88411-169-4
定価はカバーに表示してあります。
落丁・乱丁がありました場合は、お取り替えします。